# 让阅读滋养学生语文素养

## 语文阅读教学策略与实施

李洪芹 著

江蘇鳳凰教育出版社
Phoenix Education Publishing, Ltd

**图书在版编目（CIP）数据**

让阅读滋养学生语文素养：语文阅读教学策略与实施／李洪芹著. —南京：江苏凤凰教育出版社，2018.5

ISBN 978-7-5499-7437-5

Ⅰ.①让…　Ⅱ.①李…　Ⅲ.①阅读课—教学研究—中小学　Ⅳ.①G633.332

中国版本图书馆 CIP 数据核字（2018）第 112490 号

**书　　名**　让阅读滋养学生语文素养——语文阅读教学策略与实施
**作　　者**　李洪芹
**责任编辑**　雷利军　张晓兰
**出版发行**　江苏凤凰教育出版社（南京市湖南路 1 号 A 楼　邮编 210009）
**苏教网址**　http://www.1088.com.cn
**照　　排**　北京世纪鸿文制版技术有限公司
**印　　刷**　三河市九洲财鑫印刷有限公司
**厂　　址**　河北省三河市灵山大口
**开　　本**　787 毫米×1092 毫米　1/16
**印　　张**　15.5
**字　　数**　254 千字
**版　　次**　2018 年 6 月第 1 版　2018 年 6 月第 1 次印刷
**书　　号**　ISBN 978-7-5499-7437-5
**定　　价**　38.00 元
**网店地址**　http://jsfhjycbs.tmall.com
**邮购电话**　025-85406265,85400774　短信　02585420909
E - mail　jsep@vip.163.com
**盗版举报**　025-83658579

# 序言

考试分数重要吗？

我的答案：重要，非常重要。

说不重要的人，都是口是心非，说假话。目前，无论是升学还是就业，都需要考试，并且一张试卷定终身，考试分数永远重要。古今中外，都离不开考试。分分分，学生的命根，这话一点儿不假。

因为分数重要，所以，很多语文教师一心扑在教材上，从字词到句子，从课文到课后习题，从遣词造句到修辞手法，从多音字到形近字，从近义词到反义词等，都一一挖掘得细致周到，生怕落下某个知识点。教师们的出发点是好的，为了学生的成绩也任劳任怨。如此，学完一篇课文需要4～5课时，有的快到期末考试了还没有结束对整本教材的学习。

难道仅靠死学教材就能取得高分吗？阅读教育理论研究者斯蒂芬·克拉生提出自由自主阅读法。这种阅读法，掀起了一场阅读理念的革命，并且得到学术界、教育界和其他阅读推广人的普遍认可和赞誉。克拉生教授通过研究证明：直接教学，也就是教师千辛万苦地教学生，对提高学生的语文能力没有太大效用；自由自主阅读才有用，而且特别管用。

当然，如果把自由自主阅读，原样照搬拿来用，是行不通的，因为中国的考试内容和方法跟美国的截然不同。我在实践中体会到，主题阅读很“接地气”，能迅速提高学生的阅读能力。

《义务教育语文课程标准（2011年版）》（以下简称“语文新课标”）指出：“要重视培养学生广泛的阅读兴趣，扩大阅读面，增加阅读量，提高阅读品位。提倡少做题，多读书，好读书，读好书，读整本的书。”

有人总是抱怨：“在规定的时间内，完不成教学任务，没有时间阅读。”这是自欺欺人。如果要挤，时间总会有的。

那么，如何挤时间阅读呢？

我在充分诠释语文新课标和专家们的阅读理念的基础上，积极进行教学实践，创立了小学中高年级六课型单元教学法。“六课型”即基础达标课、理解感悟课、群文阅读课、整本书阅读课、阅读积累课、读写结合课。

何为“单元教学法”？就是把教材中的一个单元看作一个整体，整合教材，挖掘教材中的主题训练点，围绕重点大胆取舍，做到一课一小得、一单元一大得。其特点是高密度、大容量、高效率。

我仔细研读了教材，发现一个单元中的课文，或内容一致，或训练点一致，或情感一致，或题材一致，或写作方法一致，所以我从人文专题、训练点专题、情感专题、题材专题、写作专题五个方面对教材进行梳理归类，进行捆绑式教学，这既符合教材的编写意图，又整合了教材，抓住了文章之间的联系，同时还压缩了授课时间，提高了授课效率，从而有时间带领学生进行大量的主题阅读。

低年级是阅读的初级阶段，也是阅读的黄金时期，应该选择适合学生年龄特点的书籍。我通过了解发现低年级学生特别喜欢阅读绘本，于是带领他们按主题、分类别，阅读了大量绘本故事。每周的绘本课，成了他们最期待的课，学生总是早早在座位上坐好，静静等待这美好时刻的到来。

除了绘本课之外，我还利用晨诵、午读、暮省时间带领学生阅读童话、诗词、散文、童谣等。海量阅读使学生的文学功底见长，在期末检测中，我班有三分之一学生的作文得了满分，三分之一学生的阅读理解题也得了满分。取得这样的成绩，阅读功不可没。

到了中高年级，我对学生的要求有所提高，带领他们围绕某个主题阅读多本书。

十年的实践使我清醒地认识到，阅读与写作之间，需要以“说”架起桥梁，即“读写之间‘说’为桥”，以“说”深化阅读，引导写作。这座桥连接起了口才与表达、阅读与写作、生活与感悟。我创立的读思议说课程，高度融合了“共情生活、艺术观察、智慧倾听、逻辑阅读、哲学思考、精准表达、优美书写”，揭开了写作的“黑匣子”，很好地把听、说、读、写融为一体。它将为学生赋能，为教师助力。

阅读，是一段神圣而充满愉悦的漫长旅程，我们——无论是父母、教师，还是学生，都是这条路上不归的旅人。我们将饱览这一路的风景，最终将自身化为他人眼中的一道风景。

# 目录

## 第一章　为梦想前行



## 第二章　基础达标课

## 第三章　理解感悟课



## 第四章　群文阅读课

## 第五章 整本书阅读课



## 第六章 阅读积累课

## 第七章　读写结合课

## 第八章 绘本教学指导策略



## 第九章 晨诵课程实施策略

# 第一章 为梦想前行

我上小学的时候，是20世纪70年代。那时候上课，比如作文课，作文该怎么写，老师根本就不讲，只在黑板上写下作文题目，学生想怎么写就怎么写，没有一定之规，所以，绝大多数学生的作文就像记流水账。

记得三年级寒假，老师布置了一篇作文，题目是《春节见闻》。我在家里思考了半天，也没有理出头绪来，无从下笔，不知道写什么、怎么写，那时，家里没有书籍、报刊，更没有电视机可以给我带来一些灵感。无奈，我就去请教哥哥，没想到哥哥不但不教，反而批评了我一顿。我急得哭了，又去请教父亲，父亲让我观察大人是怎么准备过年的，做了哪些事，怎么做的，让我把事情的经过详细地记录下来。他还说，大年三十家家户户都要贴春联，让我拿着本子和笔挨家挨户去记录春联内容。有了第一手素材，写起作文来自然就得心应手了。后来，这篇文章我一气呵成，感觉从未有过的幸福，而且开学后因这篇作文写得好，我还受到了老师的表扬。

这次经历让我体会到了不会写作的痛苦，也使我懂得了写作就是在写生活，写作必须有一定的语言积累，我还深深体会到了“书到用时方恨少”。做了老师以后，我决心为学生排忧解难，从阅读和写作入手进行语文教学。于是，我不断博采众长，不断改进教法、积累经验，学生的阅读和习作水平日渐提高。

## 第一节　我的教师梦

苏霍姆林斯基曾说过，孩子在离开学校的时候，带走的不仅仅是分数，更重要的是带着他对未来理想的追求。

毛毛虫的梦是破茧成蝶，飞舞在五颜六色的花丛中，欣赏大自然的美丽，而种子的梦是破土发芽，吸收阳光雨露，茁壮成长，长成参天大树。

我上小学写以“我的老师”为主题的作文时，常常用“春蚕到死丝方尽，蜡炬成灰泪始干”“落红不是无情物，化作春泥更护花”这样的诗句来形容老师，“老师”这神圣的字眼已刻在了我的心里。我希望自己长大后也能成为一名教师，站在讲台上给学生讲课，那是何等的幸福啊！

## 一、激情，因梦想而生

命运的眷顾让我如愿以偿，实现了我对三尺讲台的憧憬，我兴奋、欣喜的心情无法用语言来表达。怀揣着这种激动，我走进了一所农村小学，遇上了一些可敬的老教师。他们把自己的教育教学经验尽数传授给我："你刚刚走上教学岗位，在学生面前要严，要给他们个'下马威'，先镇住他们，这样课堂纪律就会好，学生上课也会听得认真，否则学生会乱作一团，日后不好管理，成绩也不会提高。"我把这些话视如珍宝。

学生在我的严格管理下，果然变得很乖，但是，爱笑的我少了些许笑容。尽管我所带班级学生的成绩在全镇名列前茅，我也受到了领导、教师们的高度赞赏，可我的心越来越不安，我不断叩问自己：天生爱笑的我，为什么要在课堂上表现得那么严厉，让学生不敢亲近？

工作一年后，我当上了班主任，跟学生接触的时间多了。我试着改变原来的管理方法，课间跟学生交流、谈心。渐渐地，学生的心门被打开了，跟我无话不谈，我也从中了解了每个学生的性格特点，管理起班级来更有条不紊了。尽管当时学校特别重视考试成绩，但在分数制约一切的情况下，我也没有忘记跟学生一起爬山、赏花、摘果、放风筝，我和学生的心理距离在无形中被拉近了。歪打正着，学生在写作时，就有内容可写了。

短短的一年时间，我与学生建立了深厚的友谊，学生很喜欢上我的课。一个学生说："李老师来上课，咱们不能惹她生气，谁惹老师生气，我跟他没完。"学生的考试成绩也一直名列前茅，课也上得轻松。就这样，我送走了两届毕业班。之后，我的热情慢慢消退了，我带的学生成绩虽好，对他们的热情却一届不如一届。

原因何在？不知从何时起，我也将分数当成了第一要务。为了成绩，我开始大声呵斥学生，有时看到书写不认真的作业就撕掉……我与学生之间的距离越来越远，扪心自问：难道这就是我所要的成绩吗？不，不是的。整整四年过去了，我觉得自己一点儿长进都没有，在业务上也没有提高。但是我没有忘记初心，时常告诫自己：如果再这样下去，将会激情不再，幸福不再！

## 二、教育，因梦想闪光

1988 年，我调入一所市直重点小学工作，接手了一个新班。不知道是领导在考验我，还是认可我的能力，给我的这个班是全校闻名的乱班、散班。领导告诉我："你得做好心理准备，在这个班老师常常连课都上不下去……"

我第一次和学生见面，教室里乱七八糟的，上课铃响了，有的学生出怪声，有的学生追逐打闹，有的学生扔东西……根本无视我的存在。面对这种情况，我没有发脾气，只是静观其变。眼睛扫视了一下全班，我发现一个女孩坐得很端正，就表扬她说："这孩子习惯好，上课铃响了就坐得端端正正的，等待老师上课，真棒！我喜欢你。"听了我的话，学生一个个都坐好了。下课后，被表扬的女孩仍然很激动，帮助我拿书，我再次表扬了她。

一周后，女孩的家长来学校，对我说："这几天孩子的学习劲头很大，原先背诵课文是'老大难'，现在晚饭前就背会了，而且书写也工整了，书包也整理得很干净。李老师您真有办法，我女儿跟您接触了短暂的一周就变了样。"我有些"丈二和尚摸不着头脑"，于是了解了一下情况。原来这个女孩很内向，学习成绩较差，从来没有得到过表扬，得到的只是批评。我一来，就表扬了她两次，她想给我留下个好印象，于是，就有了这一幕。女孩内心是多么渴望得到老师的表扬啊。

表扬是魔棒，为什么不好好利用呢？接下来，我利用两个月的时间，一边跟家长沟通，一边整顿班级纪律，制订班规、班约，虽然耗费了大量的时间和精力，可是学生们变了：懂事、阳光、正气，喜欢上语文课。我把学生视如己出，学生把爱也反作用在我身上。

一次，我因感冒嗓子沙哑了，添把西瓜霜含片塞到我手里，说："老师，你用吧！"俊走到我跟前说："老师，你回家休息吧，我们一定很乖。"我上课时，有个别学生小声说话，班长做了个"嘘"的动作，说话的学生马上不好意思地笑笑，专心听讲了。

在一次批阅日记时，我发现最初被表扬的那个女孩写下了这样一段话："李老师，我喜欢你，你不但长得好看，而且很温和，说话好听，你从不对我们发火。我脑子有些笨，背诵课文很困难，但是，我不想惹你生气，所以回家后的第一件事就是背诵课文，再写作业。我用你教的方法背诵课文，很快就背会了，我真想得到你的表扬!”看到这段话，我的眼睛湿润了，写下了这样的评语：“你成长了，越来越聪明了，其实，你有许多闪光点，老师因你的存在而骄傲！你一定会成为咱们班上那颗最闪亮的星星!”

一学期后，她的学习成绩有了飞跃性提升，由班里的第50名上升到第22名，同时变得大方、自信、乐观了。

爱的种子一旦落入泥土中，就会开出迷人的花，结出善良的果。

这些年来，我一直把学生当作自己的挚爱，因为教学有方，所带班成绩一直名列前茅，成为学校“龙头班”，所以总有一些家长想把孩子送到我的班上来。

一天，我收到了一位家长的短信：“我儿子考上诸城第一中学实验班了，他的分很高。您功不可没，感谢您的付出!”作为学生的启蒙老师，虽然为学生取得的成绩高兴，但是，这样的插曲并没有让我陶醉，反而触动了我内心的隐痛，我开始反观自己的教学行为。学生的分数固然重要，但是，学生语文素养的提升更为重要，如何两者兼顾呢？这让我彷徨。

小学阶段，学生把全部时间都投入教材和作业中，没有时间大量读书，而这如同丢了西瓜捡芝麻。这样的投入即便学生考了高分哪怕是满分，对他们的未来而言都是一种巨大的损失，造成了学生的“短命高分”和“智慧营养不良”。

一名学生，曾在日记中写了这样一首诗：

举头望明月，
低头写作业；
商女不知亡国恨，
一天到晚写作业；
洛阳亲友如相问，
就说我在写作业；
垂死病中惊坐起，
今天还没写作业；

生当作人杰，
死亦写作业；
人生自古谁无死，
来生继续写作业；
众里寻他千百度，
蓦然回首，
那人还在，
灯下写作业。

天天埋在作业堆里，枯燥乏味，久而久之，学生就会失去学习兴趣，产生学业倦怠。有的学生会表现出不愿写作业、不爱背诵的心理状态，作业偷工减料，有的学生甚至厌学、逃学。

一名学生因厌学经常装病请假。第一次，因为没有写完作业，便在家里装病，请假不来上课了，尝到了甜头的他，试图第二次请假，接着连续几次请假，家长也认为他真的是病了，所以每次请假都以为是正当理由。这个学生的学习成绩开始下降，上课没有精神，考试不及格，越是死学教材，越是没有劲头。见此情景，我赶紧让他改变学习方式，暂时不学习教材，先读书吧，读着读着，他眼睛里就有了光。我推荐他阅读讲勇气的绘本，如《胆小的猫头鹰》《我想飞》《小骑士》；讲面对挑战的绘本，如《小棕熊的梦》《月亮之歌》《不来梅的音乐家》；树立自信的绘本，如《凯能行!》《我也可以飞》《小绿狼》；珍惜亲情的绘本，如《我的爸爸叫焦尼》《爷爷变成了幽灵》……读了多种绘本后，他变了，渐渐喜欢学习了，渐渐不再装病请假了，渐渐跟同学融在一起了。

应试教育存在这样的弊端：唯考是从，唯分是图，唯升学马首是瞻，唯题海战术是术。学生异化为考生，教师异化为“考匠”，这只能让学生厌学，让教师厌教。只有将学生与教师从中解放出来，才能落实素质教育。

如何把语文从应试教育的桎梏中解放出来，是亟待解决的问题。我试着让学生多阅读，并写了阅读歌诀：咬定立人不放松，立根原在文本中。千推万敲练读写，任尔东西南北风。

改变孩子一生的是阅读，阅读，再阅读。我决定整合教材，腾出大量时间，让学生阅读。

## 三、遭遇，因梦想照亮

2012年8月，我接手新的一年级，感觉压力非常大。一年级其实不好教，他们就好比一张白纸摆在你的面前，等着你去描绘，你的每一笔都非常重要。说实话我不知道该如何起笔才能画出一幅美丽的画。

12月我到临淄参加了新教育年会，听到常丽华老师介绍“小蚂蚁班”成长的故事，关于班级家长委员会的建设、班级活动课程的开发、班级共同体的构建及师生教育故事的书写等做法给了我极大的启发。看到她对教育的执着和热爱、对学生的用心和付出，我想，如果我也和学生一起这样走过那该多好呀！

让我更加坚定地走下去的，是榜样教师小风习习（“小风习习”为该教师的网名）的成长故事。她的成长可谓一路艰难，生活到了举步维艰的地步，还为班级买电脑，为学生买书，她的故事感动着我。虽然她的生活极其困苦，但是她的精神极其富有，这就是追梦人。她的行动如一粒种子，在我的心里种下梦想，我更加迫切地渴望成长。我知道，这条道路上肯定有很多人的不理解，我会走得很艰辛，但是我相信，这条路上的风景会有别样的美。

## 四、生命，因梦想成长

幸运的是，我得到了校长的支持，校长给我和学生搭建了成长的平台。

于是在我班的教室里，我和学生利用晨诵时间一起开展“让我们全都喜欢”“好孩子，好品质”“四季诗”“走进春天”“我和冬天有个约会”等诗歌课程。这些儿歌、童谣、古诗、现代诗，丰盈了我们的生命。

我们共读了绘本《小阿力的大学校》《小魔怪要上学》《猜猜我有多爱你》《好饿的毛毛虫》、“鼠小弟系列”等。学生在故事中有了自己的梦想，爱上了读书，养成了良好的学习习惯。在每一个学生生日来临时，我都会把一首经典的儿童诗进行改编，把学生的名字镶嵌在诗里，然后由全班同学郑重地齐诵。生日送诗是一粒爱的种子，一定会开出美丽的花朵。这个简单又特别的仪式，让我慢慢走近学生，感受到来自学生更多的爱与力量。

为了让学生能读到更多更好的书籍，每次家长会，我都精心策划倡导学生读书的专题推动会，把学生读书的情景拍照给家长看，把学生读书的故事讲给家长听，把学生爱上读书后的变化展示给家长看。家长们逐渐认可并开始践行亲子共读。

我加入“新教育种子”教师培训群后，接触到了各类适合儿童读的书，了解到更多教育学、心理学知识之后，才明白学生不是不爱读书，而是教师和家长忽略了什么年龄的学生应该读什么样的书。阅读要遵循学生的认知规律。

为了让学生读适合自己年龄发展特点的书籍，我在班里成立了家长委员会，由家长委员会成员自主召开会议，商讨班级文化建设、购书、制作“漂流书包”等。通常由我给出书目，家长委员会负责购书，从而解决了书源问题。

一次，家长委员会成员送来了几捆书，我对学生说：“孩子们，这些书是叔叔阿姨们特意为你们买的，你们应该怎么做？请你们用行动来回答。”学生的眼睛明亮起来，心也柔软起来。他们捧着这沉甸甸的书，视如珍宝，每每翻阅都爱不释手，我班的阅读活动悄然无声地拉开了序幕。

但是，随着学生年级的升高，我发现这样阅读已不能满足学生的需要了，需要增加阅读量。时间从哪里来？我决定巧借语文教材华丽转身。

## 第二节　阅读教学，华丽转身

长期以来，语文教学高耗低效的现状困扰着广大语文教师，而阅读教学尤甚。课程表上，平时语文课时最多，可是学生的语文成绩很难提高。更令人费解的是，小学毕业了，很大一部分学生连和人沟通与表达都成问题，更谈不上写文章了。追根究底，是我们的语文教学出了问题。著名语言学家吕叔湘先生在《当前语文教学中两个迫切问题》一文中就尖锐地批评了目前的语文教学，他提出，10 年时间，2700 多课时，用来学习本国语文，却是大多数不过关，岂非咄咄怪事！

看来语文教学到了非改不可的地步了，必须精讲多读，少讲巧练，以学生为主体，真正落实叶圣陶先生“教师不宜以讲课文为专务”，学生应“主动求知，主动练习，不徒坐听教师之讲说”的教学思想，最大限度地挖掘学生的潜能，调动学生学习的积极性、主动性，让学生参与教学的全过程，改变以教师“教”为中心的课堂教学结构，实现由“教会”向“学会”的转变，解决阅读教学中长期存在的费时低效的问题。

如何创造一种有效的教学模式，改变课堂上“满堂灌”“满堂问”的现象，在解放教师的同时调动学生的积极性，提升课堂教学的效益呢？我不断地思索着。

## 一、基于现实的思考

当下小学语文教学存在以下弊端。一是教学内容单调。仅靠教材，容量有限，远远不能满足学生的阅读需求。有关专家称，一个小学生的阅读总量应达到200万字以上，才能满足较高的语言发展水平的需求，而课文内容仅为要求的13%，所以我们需要为学生补充大量的阅读材料。二是教学方法陈旧。许多教师依然是就课文教课文，教一篇文章时，仅满足于让学生知道一个故事或明白一个道理，忽视了语言的积累、能力的形成、思维的发展，淡化了对语言文字的训练及教会学生学习的要求。三是教学效率低。课堂上教师讲得多，学生练得少，时间被教师占用了一大部分，没时间进行拓展阅读。

此外，目前的小学语文教学中，教师对单篇课文过于精细的讲解，高耗低效，侵占了学生大量自读自悟的时间，造成学生没时间进行拓展阅读。教师虽然布置了课外阅读任务，但是阅读碎片化、随意，课内外不衔接。特别是重阅读活动、轻阅读内涵，重课外阅读、轻课内阅读。阅读质量低下，成为影响师生阅读质量进一步提升的严重障碍。

## 二、六课型单元教学法形成

语文新课标的基本理念之一就是全面提高学生的语文素养，而传统的语文教学费时低效，难以实现这一要求。我清醒地认识到，当下的语文课堂必须改变，教师不能停留在字斟句酌、分析整篇文章的层面上，不能把成人的理解强加给学生，必须放手让学生自己阅读、自主学习、自己感悟。于是我想就在教材内容上删繁就简、去粗取精，少花费点时间学习教材，腾出大量的时间让学生自由阅读。于是，我注重精读与略读有机融合，做好理解与运用并重，落实好基础与能力的训练，形成了中高年级阅读教学的六课型单元教学法。“六课型”即基础达标课、理解感悟课、群文阅读课、整本书阅读课、阅读积累课、读写结合课。

六课型单元教学法，就是把教材的一个单元看作一个整体，整合教材，围绕单元主题训练点进行训练，围绕重点大胆取舍。其特点是，高密度、大容量、高效率。通常情况下，一课时学 2～3 篇课文。每个单元中包括 2～3 篇精读课文，2 篇略读课文，精读与略读课文基本平衡，以做到重点突出，详略得当。换句话说，就是从教材的每个单元挑选一篇或几篇有代表性的文章进行精读课例的教学，其他几篇文章采用导学案形式，放手让学生利用在精读课例中学到的方法进行自学，从而实现大量自主阅读和从量到质的突破。这样，不仅节省了时间，还能让学生进行海量阅读。六课型单元教学法的实施让我们在相同的时间内实现了语文教学的优质、高效，获得两倍甚至三倍以上的学习成效。

# 第二章 基础达标课

什么是基础达标课？就是学生在课前自主预习的基础上，能读准字音，能流利地读课文，能了解课文的大意，达到这一目标就算过关，即达标。基础达标课包括自学课和过关课。

# 第一节　自学课

## 一、六步预习法

内练功夫，外显智慧，课前有效的预习是学好语文的前提。自学课，我采用“读、画、思、列、写、搜”六步预习法，让学生学有目标、思有方向，扎扎实实走好每一步，让课前预习不再是走过场，不再流于形式。

读：速读，整体感知课文内容；品读，揣摩课文中令人感受最深的句段，有感情地朗读；研读，发现并解决问题。

画：用不同颜色的笔画出重点词、句、段或自己感悟最深的句子；用不同的符号画出生词、美词（四字词语）、佳句（比喻句、拟人句、排比句、含义深刻的句子等）、疑句（不懂、理解得不透彻的句子）。

思：思考课文主要内容，感悟重点语句，结合相关资料和所学知识，尝试自己解决问题。

列：把自己无法解决的问题罗列出来，可以在书上做标记。

写：一是在理解重点字词句段的基础上，在课文旁边写下自己的感悟；二是会写生字词，掌握学习生字的方法。

搜：搜集与课文内容、作者、主人公等相关的内容，并简单做笔记，准备课堂交流。

这一环节的自学，或圈点勾画，或静心思考，或查阅资料，或交流探究，或吟咏诵读，没有了教师喋喋不休的讲解，没有了教师口若悬河的演讲，此时的课堂从表面看是平静的，其实是静中有动的，能使学生有目标、有计划地完成自学任务。

## 二、《观潮》教学实录

师：通过预习，你觉得课文主要写了什么事？你感受最深的句子是什么？为什么？

生：课文主要写了钱塘江大潮潮来前、潮来时、潮来后的景象。

生："只见白浪翻滚，形成一堵两丈多高的水墙。浪潮越来越近，犹如千万匹白色战马齐头并进，浩浩荡荡地飞奔而来；那声音如同山崩地裂，好像大地都被震得颤动起来。"这句话让我触动很大，我仿佛看到了浪潮翻滚着、涌动着，朝我挤压过来的景象以及大潮来时的气势，作者描写得这样形象生动，是因为他观察得细致，浪潮已和他自己融为一体了。

生：我来补充，我仿佛感觉到了那种壮观的景象，尤其是用"水墙""白色战马"来形容浪潮涌来的景象，形象直观。"齐头并进""浩浩荡荡""山崩地裂"几个词语，让人感觉浪潮犹如猛兽一般，势不可当。

生：我从"闷雷滚动""人声鼎沸"两个词中看出，潮来前人们急切盼望的心情。

生：我从课前搜集的资料中，发现了形成大潮的原因，解决了我的疑惑。

师：现在交流一下你们在读的过程中，画出的重点句段或感悟深的句子。

生：我画的重点句子是"浪潮越来越近……那声音如同山崩地裂，好像大地都被震得颤动起来"。美词是"人山人海、人声鼎沸、横贯江面、浩浩荡荡、山崩地裂、风号浪吼"。佳句是"霎时，潮头奔腾西去，可是余波还在漫天卷地般涌来，江面上依旧风号浪吼"。

生："隆隆的响声，好像闷雷滚动。"

生："那条白线很快地向我们移来，逐渐拉长，变粗，横贯江面。"

生："千万匹白色战马齐头并进，浩浩荡荡……"疑句是"宽阔的钱塘江横卧在眼前"。

师：你自己解决了哪些疑句？

生：我对"那声音如同山崩地裂，好像大地都被震得颤动起来"这句话有些不太理解，为什么声音会这么大呢？经过查资料知道：涨潮时，海潮从湾口涌入，向西奔涌而来，受两旁渐狭江岸的约束，水面越来越窄，涌潮后推前阻，越来越高，就形成了汹涌澎湃的壮观景象，从而明白了声音大的原因。

师：你们列出了哪些问题？

生：用“浩浩荡荡”形容浪潮的气势，用“山崩地裂”形容浪潮的声音合理吗？

生：浪潮退去，江面上依旧“风号浪吼”，用这个词合适吗？

……

师：交流一下你们写的批注。

生：我批注的是潮来时的景象：“这一段恰当地使用了连环比喻，生动地描述了大潮来时的样子、颜色、声音，震撼人心。”

生：我批注的是潮来前的景象：“看完这段文字，我脑海中出现了宽阔的钱塘江静静地横卧着，江面上笼罩着一层雾气，江边的古塔、中山亭和观潮台在晨光中屹立着，远处的几座小山在云雾中若隐若现，这样一个幽远、宁静的画面。”

师：你们在识记生字时，找到了哪些规律？

生：我在识记本课生字时，找到了这样的规律：与水有关的字有潮、沸；上下结构的字有笼、罩、薄、雾、贯、昂、盐；左右结构的字有称、旧、恢。

师：你搜集了哪些有关钱塘江大潮的资料？我们来交流一下吧。

生：钱塘江大潮是世界著名潮涌之一，国际地理学界将钱塘江与南美亚马孙河、南亚恒河并称为“世界三大强涌潮河流”。钱塘江发生这样壮观的潮涌，与入海的杭州湾的形状，以及它特殊的地形有关。起潮时，宽深的湾口一下子吞进大量海水，由于江面迅速收缩变窄变浅，夺路上涌的潮水来不及均匀上升，便后浪推前浪，一浪比一浪高，到大峡山附近，又遇水下巨大拦门沙坝，潮水一拥而上，掀起高耸惊人的巨涛，变成陡立的水墙，形成初起的潮峰。

生：北宋大文豪苏轼就写过“八月十八潮，壮观天下无”。北宋诗人陈师道所写赞美钱塘江潮的《十七日观潮》也一直被人们传颂着：“漫漫平沙走白虹，瑶台失手玉杯空。晴天摇动清江底，晚日浮沉急浪中。”

生：我搜集了描写钱塘江的诗句：“海神东过恶风回，浪打天门石壁开。浙江八月何如此，涛如连山喷雪来。”出自李白的《横江词》。

生：毛泽东的《七绝·观潮》：“千里波涛滚滚来，雪花飞向钓鱼台。

人山纷赞阵容阔，铁马从容杀敌回。”

生：刘禹锡的《浪淘沙·八月涛声吼地来》：“八月涛声吼地来，头高数丈触山回。须臾却入海门去，卷起沙滩似雪堆。”

……

## 第二节　过关课

过关课包括字词过关和朗读过关。其中，字词过关包括单元整合识字、拓展识字、遵循规律识字；朗读过关的过关标志是能清晰、流畅、有感情地朗读课文。组内每个同学都达到了要求，才算过关。

### 一、字词过关

在具体实施过程中，让学生在熟读课文的基础上，掌握本单元的生字词。以下是字词过关的基本步骤。第一步，上课伊始，先让学生交流一下预习收获，之后进入生字的学习：出示本单元的生字，利用多种形式巩固认读，如指名读、齐读、同桌互读等。第二步，先识记，让学生看准生字写出读音、记住字形，然后扩词（给生字组词），加强记忆，然后根据读音自行默写生字，同桌互相检查，纠正错误，之后小组内进行听写。第三步，学生总结、梳理、交流那些易混、易错的字，教师再在课堂上讲一讲这些字，并让学生用形近字做比较的方法加强记忆，养成当堂学、记生字的习惯。在这一过程中要注意：学生自学会写的字不讲。

能通过自学找到认字规律的、有“金点子”的学生，可评为“识字大王”。如“碧”字，有的同学用讲故事的方法记住它：“王”大娘、“白”大娘两人坐在草丛的一块“石”头上玩耍……学生在故事中掌握了方法，学得轻松、记得牢固。

这样一节课下来，反复读写生字，80％以上的学生都能够完全掌握所学生字，课后就不必再去重复地写了，大大减轻了学习生字的负担，而且课堂上学生字的质量很高。

（一）单元整合识字

识字是低年级教学的重点。单元整合识字，就是整合归类学习本单元的生字，这样比一课一课地零散学的效果要好得多。

例如，人教版四年级下册第三组课文的生字：幼、滩、侦、嘲、啄、企、愚、蠢、返、拦、鸥、帽、吁、彻、蝙、蝠、捕、蛾、蚊、避、锐、铛、蝇、揭、碍、荧。下面以该单元为例介绍如何进行单元整合识字。

1. 反复识记、诵读

带音读、去音读、范读、自由读、组内读、个别读、“开火车”读，发挥学生的创造力，让学生想各种办法记住这些字，这样不但记得牢，而且分享了识字方法，使学生从中获得启迪。

2. 归类识字

“虫”旁：蝙、蝠、蛾、蚊、蝇。

“口”旁：嘲、啄、吁。

“扌”旁：拦、捕、揭。

“钅”旁：锐、铛。

“辶”旁：避、返。

其他：左右结构的有幼、滩、侦、企、鸥、帽、彻、碍；上下结构的有愚、蠢；上中下结构的有荧。

归类后，先让学生认读、自由读、同桌互读、小组读、班上交流读，记住读音后，再识记。然后根据拼音，写出生字，并扩词。

3. 扩词

幼（幼年）（幼儿园）。

滩（河滩）（浅滩）。

侦（侦听）（侦探）。

嘲（嘲笑）（自嘲）。

啄（啄食）（啄木鸟）。

企（企业）（企图）。

愚（愚不可及）（愚蠢）。

蠢（蠢货）（蠢笨）。

……

4. 交流易混、易错的字

“滩”容易错写成“堆”。

“啄”容易错写成“琢”。

“彻”容易错写成“砌”。

“荧”容易错写成“莺”。

这样识字，虽然效果不错，但是长期使用，学生会觉得枯燥乏味，于是，我用故事激发他们的学习兴趣，让他们换换口味识字。

5. 情境识字法

在设计单元识字教学时，创设有趣的情境，让学生在轻松愉快的氛围中学习生字，激发学习生字的兴趣。

如学习人教版识字 1 的生字时，我就采取了情境教学法。

上课伊始，我以情境导入：“课堂上来了一位神秘的客人——孙悟空。”同时出示相关图片。这一动画人物深受学生的喜欢，激发了学生的学习兴趣。接着是“拜师学艺”，从“孙悟空学艺”引出第一个任务“教孙悟空本领”——学习生字，接着让学生教孙悟空一些识字小妙招——识字方法。

在接下来的几个环节中，学生的兴趣更浓了，他们一起玩“识字魔方”、看图猜字等游戏，还帮助孙悟空摘桃子（以写有生字的卡片当桃子）、挑选天马（天马形状的卡片，上面写上生字，由教师说字、学生选），最后我和他们一起读相关的绘本故事，来了一次故事接力，又一次复习了生字。

在这节课中，学生收获了快乐，在轻松愉快的氛围中学习了生字，激发了学习生字的兴趣。

6. 编顺口溜识字法

还有一种有趣的识字方法，就是把生字编成顺口溜来记，这符合学生的认知特点，效果更佳。如人教版二年级上册《我要的是葫芦》一课中，学生对生字的学习。

“领、邻”的识记：

东邻西邻有四邻，邻居邻座有近邻，有“耳”邻；

领导领班戴领带，领队领唱带领巾，有“页”领。

“颗、棵”的识记：

一颗葡萄一颗枣，颗粒东西把“页”找；

一棵树木一棵草，花草树木把“木”找。

“哇、挂、娃、洼、蛙”的识记：

有口哇哇叫，

有手能挂衣，

有女变娃娃，

有水变水洼，

有虫变青蛙。

把生字编进顺口溜之中，激发了学生的学习兴趣，他们很快就记住了这些形近字的区别，并且记得牢，学得扎实，印象深刻。

（二）扩展识字法

识字在小学阶段是重点，结合平日的教学实际，我梳理、归纳了一些扩展识字的方法。

1. 图示

图示适于象形字、会意字的教学。如“日、月、水、火、木、山、田”等字就是最简单的象形字，这些字笔画简单，有的与图形非常相近。教学时，利用这类字的特点，让学生读字看图，展开想象，学生就很容易掌握字形了。

根据象形字、会意字的构字特点，教师可以结合课文中的插图，让学生在直观、形象的图式中建立起形意之间的联系。

如教学“从、众、休”等字时，可用会意字的构字特点当场板书，一个人后面跟着一个人为“从”，三人为“众”，一个人靠在树上是在“休”息。通过对汉字的字形结构进行分析讲解，学生不仅能很快读出字音，还能理解字义，运用时还不会混淆字形。

2. 演示

在学生掌握了一些象形字的基础上，发挥学生的观察分析能力，通过演示让学生快速掌握生字。如“灭”字，在玻璃器皿中点燃一支蜡烛，然后将玻璃器皿盖上盖，隔绝空气，火就“灭”了。

3. 表演

在教学过程中，所学生字中有一部分是动词。学习动词时可以想象一下动作，再做一做动作，将形、义联系起来识字，如“看、跑”。教学“看”字时，请同学们把手放在眼睛上就是“看”。教学“跑”字时，让学生想一想：用什么跑步呢？和脚有关，让学生在跑的过程中，理解、记忆字形与字义。

4. 绘画

如教师可以出示“鸟”字，并指出“鸟”字上的一撇表示鸟的嘴巴，一点表示鸟的眼睛，用彩笔突出这一点，并问学生：“如果‘鸟’没了眼睛可怎么生存呀?”这样学生一定会牢牢记住这个字，不会写漏这一点。

5. 游戏

在教学过程中，巧妙利用游戏创设丰富多彩的教学情境，使学生主动学、乐意学。如摘苹果、找朋友、开火车、对对碰等游戏操作简单，学生易于接受。

6. 猜谜

猜谜是学生喜闻乐见的学习方式。教师可以根据汉字的特点，编制相关谜语，让学生通过猜谜记住字形、字义。

垂下眼睛（睡）。这样编谜语符合汉字的构字特点、构字根据，也有利于学生记住生字。

7. 比较

形声字兼有表音和表意的特点。在小学阶段，学生学习最多、接触最多的就是形声字。形声字的教学重点在于以了解字义为突破口，让学生在比较中通过学会一个字，学会一串新字。如“青、请、清、晴、精、静”“包、泡、炮、抱”，这样的比较会让学生在字义、字形和字音方面产生联系，快速掌握汉字的音形义，有利于激发学生的识字兴趣，提高学生的识字能力。

另外，在生字中有许多相近的字，学生不太容易分辨，在学习时，可以把相近的字放在一起学，让学生在比较中形象地识字，在联系中加以区别。

如教学《瀑布》一文时，教师可以采用以下的方法引导学生识字。

(1) 教学“座”字

师：“座”字还有个好兄弟“坐”，虽然两个字字音相同，但用法不同，请帮助它们找到家。

出示“座、坐”2个字，然后练习：对号入（　　），（　　）下，一（　　）桥，（　　）直。

通过填空，我们发现“坐”字表示动作，而“座”字则表示座位或量词。

(2) 教学“返、近、进”3个字

师：“返”字你是用什么方法记住的？

生：“返”字是半包围结构，被包围部分是“反”字，读“fǎn”，外面是“辶”，因为要返回，所以用“辶”。

师：哪个字和“返”字相近呢？

生：“近”字。

师：你用什么方法记住它呢？

生：两个字都是半包围结构，被包围部分一个是“反”字，一个是“斤”字。“近”可组词“走近”。

师：（走近学生）老师走近你，和你的距离越来越小。“近”字的同音字还有“进”，可组词“走进”。怎么区分“走近”和“走进”？（动画演示帮助学生理解这两个词）

(3) 教学“爸、笆”2个字

师：你有什么好办法区别它们？

生：“爸”是父亲，所以是“父”字头；“笆”是用竹子做成的，所以是“竹”字头。

师：你能根据偏旁来识记，真有办法！

(4) 教学带“竹”字头的字

师：课文里有许多带“竹”字头的字，请用铅笔在课文中把它们圈出来，自己读一读，然后告诉老师你有什么发现。

生：“笛、筝、笔、箩、筐、筒、篱、笆”这些字都带“竹”字头。

师：你们看这些字去掉“竹”字头，有什么特点？

学生思考并回答，然后自由读这些字，并识记。

通过比较，学生可以较容易地区分形近字、同音字，并深入了解字义。

8. 联想

低年级学生善于观察，教师可通过联想让他们对汉字的字形、字义产生联系，进而识字。如学习“尖”字时，准备一枝削尖了的铅笔，并把尖的一头朝上，让学生观察：上面小，下面大就是“尖”。这样一来，这个字就深深地印在学生的脑子里了。

9. 溯源

比如，教学与“宀、冖、穴”3个部首有关的字：

“宀”，像房屋形，构字与房屋有关，如“安、牢、寇”。

“冖”，像一块布向下覆盖东西的样子，所构字多含覆盖的意思，如“冤、冥”。

“穴”，像古人居住的岩洞形，上面的“宀”是房屋形状，“八”是洞顶的岩石块，“穴”在构字中表示窑洞、窟窿等，如“窝”。

学生分清了这3个部首，就可以对相关的字做进一步分析。

如“灾”字，房子着火之形。水火都是灾祸之源。

“冤”字像兔子被布蒙盖而蜷曲难伸之形，表示委屈之意，引申为冤屈。

“穷”字是力在穴中，有劲难使，表示窘迫之意。

经过溯源分析，学生不仅清楚了3个部首的意思，了解了汉字的演变历程，还了解到先民们的居住情况——先以洞穴为居，后来建造房屋，饲养牲畜，成家立业。

10. 语境中识字

学生识字是以语言环境为依托的，离开语言环境，孤立地进行识字教学，必然耗时多、收效甚微。因此，在教学中，教师必须把识字与阅读相结合，使识字与感知课文内容有机地结合起来，在语言环境中识字，做到字不离词，词不离句，句不离文，在读文的过程中识字，通过识字更好地阅读。

如《池塘边的叫声》第1自然段的教学，一位教师是这样处理的：

首先让学生读第1自然段，边读边想：小鱼在池塘里遇到了青蛙，它是怎么和青蛙打招呼的？学生朗读第1自然段，然后交流小鱼是怎么和青蛙打招呼的。

师：小鱼多有礼貌呀，主动和青蛙打招呼。来让我们成为小鱼，加上动作一起跟青蛙大哥打招呼吧。

学生表演小鱼，和青蛙打招呼。

师：文中的小鱼很有礼貌，见到青蛙大哥能主动打招呼。今天，有一些老师在课堂上和我们一起学习，你们能像小鱼一样伸出手跟老师打个招呼吗？

学生纷纷起立和周围的老师打招呼。

师：你们发现了吗？你们在向老师打招呼时张开了嘴，举起了手，“招呼”两个字，一个是“扌”旁，一个是“口”旁。以后你们见到客人时，也要像今天这样主动打招呼。

师：见到小鱼这么有礼貌，主动打招呼，青蛙大哥是怎么说的呢？

学生读课文。

师：青蛙感觉特别热，所以它到池塘边来——（出示词卡“洗澡”，生读）。你们观察一下这2个字，有什么发现吗？

生：这两个字都是“氵”旁。

师：池塘里的水真多，这样洗起澡来才痛快。请你带着这种感受再读读这一自然段。

在这个教学片段中，教师借助语境帮助学生理解字及词的意思，使学生在记忆字形的同时了解了短文的内容，这样就把识字和阅读紧密地联系在了一起，真正做到了借助阅读使学生理解汉字，借助识字帮助学生读文。

11. 生活中识字

语文新课标中指出：“识字教学要注意儿童特点，将学生熟识的语言因素作为主要材料，结合学生的生活经验，引导他们利用各种机会主动识字，力求识用结合。要运用多种识字教学方法和形象直观的教学手段，创设丰富多彩的教学情境，提高识字教学效率。”所以教师应把生活当作识字的途径之一。教师可以让学生把在生活中认识的汉字剪下来贴在一起，成为自己的“认字贴”；还可以让学生自己设计一个“识字袋”，把在生活中遇到的字做成卡片，装进“识字袋”里面，利用课余时间，以游戏的形式同学之间互当“小老师”，把自己“识字袋”里的生字教给其他同学；也可以在板报上开辟“识字乐园”，引导学生把在生活中积累的汉字展示出来，比一比，看一看，谁的“识字乐园”里积累的汉字多，多的就说明他在生活中是一个识字小能手。每周留出识字交流时间，让学生把这一周中识字的成果加以展示；开学初让每个学生都制作自己的名字牌放在课桌上，让学生互相认识对方的名字。

在识字过程中并不是只用一种方法，教师可以多种方法并用，调动学生的识字兴趣，培养学生自主识字的能力。

12. 多种方法识字

在教学北师大版一年级下册《小鱼的梦》一课时，在学生自主读文的基础上，教师是这样进行教学的：

师：小鱼听大家读得这么好，特别高兴，吐出了许多可爱的泡泡，快来看！小泡泡上藏着许多词语，你自己读一读，如果不会读，可以先看拼音再读。

学生自读：波浪、星星、摆尾巴、做梦、摇篮、咂咂嘴。

师：下面“开火车”读这些词，看谁读得又正确又响亮。（学生读到“星星”时）第二个“星”字读轻声，你读得非常准确，再读读这个词。

师：（学生读到“催眠曲”这个词时）你真了不起！把这个词中的多音字都读对了（出示：qǔ，催眠曲）这个字还有一个读音“qū”，你能组个词吗？

生：弯曲。

师：这些小淘气跑到了老师的手里，还摘掉了拼音的帽子。现在你还能读对它们吗？（出示去掉拼音的生字卡片）

生：波、浪。

师：你们发现这些字有什么特点了吗？

生：都是“氵”旁，与水有关。

师：（当学生读到“怀”时）你能用“怀”字组个词吗？

生：关怀、怀念。

师：我们用心去关怀（怀念）别人，所以“怀”字的左边是“忄”旁。

师：（做“推”的动作）你们猜一猜是什么字？（出示字卡“推”）

师：本课中还有一些带有“扌”旁的字，快到生字表中找出来读一读。

学生找到了“把、摇、摆”。

师：谁愿意像老师这样做动作让大家猜这些字？

学生做动作，其他同学猜字，猜出后教师在黑板上贴出相应字卡。

师：把这些生字放在一起，对比着读一读，你发现了什么？

生：“推、摇、摆、把”都是“扌”旁，与动作有关。

师：“苦”的反义词是什么？

生：甜。

师：“甜”这个字左边是“舌”，右边是甘蔗的“甘”，用舌头尝尝甘蔗是什么味道？

生：甜。

在该教学环节中，教师运用了找反义词、做动作、比较、“开火车”读、游戏等方式，帮助学生在轻松愉悦的氛围中认识了生字，记住了字形，理解了字义，培养了学生的识字能力。

（三）遵循规律识字法

汉字是表意文字，是音、形、义的统一，具有因义构形和以形表意的特点。学习汉字的过程就是记住汉字的音、形、义并在这三者之间建立联系的过程。教师在平时的教学中要注意引导学生总结识字方法，使之逐步形成自主识字的能力。

1. 明确形旁、声旁的作用

汉字中约90%的字是形声字，形旁表意，声旁表音。帮助学生理解了构字规律，有助于学生理解字音、字义。教师引导学生发现“铃、铛”这两个字都是“钅”旁。然后，教师出示一串铃铛，让学生认识铃铛是用什么做成的——金属，所以它们都与金属有关。

2. 了解汉字的直观特点

小学生以直观形象思维为主，古老的汉字又是根据事物的形状描摹而创造的，课堂上教师可通过多媒体课件呈现造字过程，如山、火等，揭示汉字的特点。

3. 掌握汉字的表意功能

小学生的形象思维能力比抽象思维能力要强得多。所以，在识字教学中，将具体的事物和形象相结合，有利于学生识记。如用手遮目“看”，用竹、毛制成“笔”，通过这样的描述，学生便能在头脑中形成直观印象，达到既认形又明义的效果。

4. 对比不同，找到各自的特点

发挥多媒体技术的交互功能，提供形象直观的交互式学习环境，利用多媒体展示汉字的构字规律，渗透汉字构字方法，可以使识字教学事半功倍。汉字中还有许多相近的字，小学生常常无法正确使用，所以必须进行对比练习，以强化记忆，加以区分。

如“渴、喝”2个字，极易混淆。教学时可先随图出示“喝”字，让学生明白喝水要用口来喝，然后闪动偏旁“口”，再让学生组词，加深印象。接着随图出示“渴”字，让学生明白是缺水了，是“氵”旁，然后闪动“氵”，并让学生用“渴”字组词。最后出示：“口（　　）了就去（　　）水”，让学生结合语言环境，区分“喝”和“渴”2个字。这种由图到字，再到应用的学习过程，符合小学生的形象认识规律，能培养学生正确的学习习惯。

## 二、朗读过关

全国著名特级教师于永正说，阅读教学应重视对学生的诵读训练。诵读能发展学生的思维，激发学生的情感，提高学生的诵读能力。

课文诵读过关课，让学生通过多种形式的朗读，在读中理解、读中感悟、读中充分表达自己的情感，深入了解文本内容，体会文中的思想感情。其模式为课前预习—汇报交流—组内检查—点拨技巧。

1. 课前预习

要求学生利用课前时间读熟课文，不理解的词语查字典或问同学解决。

2. 汇报交流

课堂上，先由小组长带领组员读课文，可采用多种方式：齐读、轮读、找重点段读等，能清晰、流畅、有感情地朗读课文就算过关，组内每个同学都达到这个要求，小组才算过关。组长在过关表格里画“√”。

3. 组内检查

首先确定组长和副组长。组内第一个过关的同学作为组长检查其他成员的过关情况，第二个过关的同学作为副组长，协同组长检查其他同学的过关情况，直到小组内成员全部过关为止。组长记录下其他同学朗读时出现的错误及不通顺的地方，提醒同学再读时注意。

4. 点拨技巧

确定朗读的重点段，每段找2～3个同学代表读，符合要求的就算过关。教师随时点拨读法，让全班齐读。列出的重点段全部检查完，课文诵读过关环节结束。

例如，教学人教版五年级上册第六单元4篇课文时，我设计了如下教学过程。

师：同学们，今天我们继续学习第六单元，请同学们齐读课题：《17. 地震中的父与子》《18. 慈母情深》《19. “精彩极了”和“糟糕透了”》《20. 学会看病》。

师：这节课，我们针对这4篇课文进行诵读过关检查。

组员在组长的带领下，在小组内朗读课文，4篇课文全部读完后，组内抽查，组长做好记录。先检查完的小组，在组内展开个性化朗读。全班全部检查完后，教师开始检查。

师：同学们，你们认为这4篇课文中哪些段是重点段？

学生讨论得出：第17课的第12～16自然段；第18课的第30～35自然段；第19课的第17自然段；第20课的第27自然段。

师：谁来读一读这些段落？

学生读。

师：你读出了父亲的焦急，但焦急的程度不够，谁再来试一下？

学生读。

师：找不到孩子真是太着急了，谁还想读？这么多同学都想读，我们来分角色朗读一下吧！

全班读旁白，一生读父亲的话，一生读儿子的话。

师：同学们读得真有感情啊！既读出了父亲的执着，又读出了儿子的欣喜。在突如其来的灾难面前，父爱迸发出巨大的力量；在日常生活中，母爱又是何等深沉！我们再来读一读第18课的这几个自然段。（学生读）他读得怎么样？谁来评价一下？谁想和他比一比？

学生评价。之后其他学生读。

师：深深慈母情，拳拳慈母爱，真让人感动！那么，父母针对一首小诗的不同评价，又包含父母怎样的爱呢？我们再来读读第19课的第17自然段。（学生读）听了这名同学饱含深情的朗读，老师也忍不住想来读一读，我读一读好吗？（师读）请同学们自己体会着读一读吧！

学生自读。

师：父母用不同的方式表达了对孩子深深的爱。那么，面对生病的孩子，这位母亲又是怎样做的？让我们齐读第20课的第27自然段。

师生齐读。

师：同学们，其实父母对我们无论是温情还是严厉，那都是爱！

师：这节课，我们针对第六单元的课文进行了诵读过关检查，同学们读得都不错，期待大家在下一节课有更精彩的表现。

在课文全部学完后，我利用一节课的时间让学生进行诵读展示。先让学生从本册书中选一篇自己最喜欢的文章，进行个性朗读，然后在小组内比一比，并在小组内选出最能代表小组朗读水平的同学进行全班展示。读得最好的组，成为这次比赛的擂主。

# 第三章 理解感悟课

理解感悟课就是指在单元教学的基础上，引导学生理解、感悟课文内容，分为精读课和略读课两类。

## 第一节　精读与略读的含义及其教学原则

### 一、精读与略读的含义

所谓精读，就是深入细致地研读，即在教学每篇课文时，教师按照文本细读的思路，带领学生深耕深翻，追求对文本理解的广度、深度和精度。精读讲究精、细、深、透。教学时需从每个单元中挑选一篇富有代表性的文章进行精读。精读课例的教学，要引导学生深入文本，实现与文本、教师、编者、同学的平等对话，引导学生概括文章内容、体会思想感情、进行听说读写语文基本能力的训练，并渗透一定的学习方法和写作方法。这篇文章就是叶圣陶先生“例子观”中的例子，相当于数学习题中的例题，担负着“以例悟法”的艰巨任务，起着举一反三的作用。

所谓略读，就是粗略地读，不必细究每个词句的意思，可有选择性地阅读，达到抓住文章的大意或满足自己的需求即可，从而加快阅读速度。教学时，每个单元内除一篇精读课例外，其他几篇文章采用学案的形式，放手让学生运用在精读课例中学到的方法进行自学，即“依法自学”，起到“反三归一”的作用，旨在通过大量阅读让学生有所感悟，实现从量的积累到质的突破。

### 二、教学中应遵循的原则

1. 学习语言与人文熏陶相结合

关于语言学习，不同年级有不同的侧重点，不同文章有不同的训练点。教学时，一要把握年段目标，二要找准文章中语言的训练点，以语言文字为载体，引导学生亲历学习过程，进行有针对性的语言学习，并在学习语言的过程中，受到思想的熏陶与启迪。

2. 阅读与领悟表达相结合

阅读教学既要引导学生体会作者的思想感情，又要使学生领悟文章基本的表达方法。因此，教学中要找准理解与表达的结合点，使学生在理解内容的基础上及时进行表达学习，可以学习作者的表达方法，也可以练习口头或书面表达，从而实现阅读与表达的相互促进、共同发展。

3. 阅读与学习习惯相结合

教材无非是个例子，是学生学习语言、习得方法、提升思想、发展能力的凭借。阅读教学，要指导学生掌握学习方法，形成良好的习惯，如边读边想的习惯、读书质疑的习惯、主动积累的习惯等。

4. 课内阅读与课外阅读相结合

一方面，可将课外阅读纳入课内，依据教材内容进行相关内容的补充与拓展，如学习《荷塘月色》时引入《望月》进行对比欣赏。

另一方面，将课内学习延伸到课外，让学生进行相关的大量阅读，可以是整本书，也可以是一篇文章，从而丰富认识，增加积累。

如何把精读课文教得更“精”，略读课文教得更“简”，补充课文教得更“活”，这对教师的教学能力、教学理念和教学智慧都是重大挑战。

## 第二节　精读课例的操作流程

针对精读课例我设计了五个环节，即“导入新课，交流预习；自读自悟，合作探究；展示提升，教师点拨；突出重点，归纳学法；总结提升，领悟表达”。这五个环节层层递进，相互融合，既培养了学生的合作意识，又训练了学生对教材的理解、感悟能力；既使学生掌握了学习方法，又使学生习得了写作方法。

### 一、导入新课，交流预习

导入新课后，交流预习情况，学生可以交流搜集到的相关资料、对课文内容的整体把握、疑难问题等。通过学生汇报预习情况，把学生提出的疑难问题整合、归类，确定本单元的教学重难点，达到以学定教的目的。

在这一环节，我设计了这样几个问题：①对于作者（或主人公）你有哪些了解？②课文主要讲了一件什么事？③在预习中，你有什么不明白的地方？通过对这三个问题的交流，学生对文章的主要内容及作者有了初步的了解，这样，既为学生以后的自学扫除了障碍，又为教师以后的教学提示了方向，提供了依据。

## 二、自读自悟，合作探究

教师根据学情，结合教学重难点，设计“牵一发而动全身”的问题，引导学生细读、感悟、讨论、交流、理解课文内容，进一步品词析句。

如教学人教版四年级下册第二单元的《中彩那天》《尊严》两篇精读课文时，我设计了几个直奔中心的问题：①父亲面临的道德难题是什么？他是怎样面对和处理这个难题的？②哈默是怎样用自己的实际行动维护尊严的？从哈默和杰克逊大叔身上你学到了什么？然后留给学生充足的学习时间，让他们带着问题阅读，享受阅读的乐趣。待学生有了自己的见解后，让学生发挥小组智慧围绕问题展开交流讨论，共同切磋、研究并解决问题。同时，我走入学生中间，适时启发、引导、鼓励，让课堂成为学生体验感悟、探索创造的摇篮。

## 三、展示提升，教师点拨

在这一环节，各小组代表进行全班交流展示。交流展示方式可以灵活多样，如抓住关键词句品析感悟、入情入境朗读理解、交流批注、进入角色进行表演等。每篇文章交流展示的重点也要因文而异，可以侧重语言的积累和运用，可以侧重阅读能力的培养，可以侧重情感的熏陶，可以侧重写作方法……

教师要参与到学生的学习中，在易混、易错、易漏的知识点处，进行三言两语的点拨、说明或升华。

下面具体介绍一下交流展示的几种常见方式。

交流展示方式之一：讨论结果汇报。各小组代表针对小组讨论结果进行交流汇报。

交流展示方式之二：精彩展示。选取小组成员认为最精彩的内容展示给大家，可以是对文章精彩句段的批注，也可以是读文后的独特感悟。一组交流展示完后，其他组有不同的见解，可以补充说明或发表自己的见解。

交流展示方式之三：学法展示。一是抓细节描写，细节是文章的亮点，反复诵读，有利于掌握其写作方法；二是赏析课文，学生交流自己感触最深的句段，说说它好在哪里，为什么好，可以是写作方面的，也可以是内容方面的，还可以谈阅读收获方面的……

人教版四年级上册《巨人的花园》是一篇精读课文，故事情节跌宕起伏，语言生动有趣，有一定的代表性，是指导学生进行童话阅读的好文章。教学该文时，首先让学生根据教师提示的问题自学，接着让学生在小组内交流汇报自学收获，并围绕三个问题进行讨论：①有感情地朗读课文，想象画面，体会巨人在行动和心理上有什么变化。②你最喜欢的地方是哪里？童话的语言表达有什么特点？③童话蕴含的道理是什么？

最后让学生上台交流。学生的创造力是无限的，各小组交流的方式多种多样：有的小组诵读感悟最深的句子，谈自己的体会；有的小组分角色表演，表达自己对巨人前后变化的理解；有的小组向别的小组挑战，看谁从童话中悟出的道理最深刻……学生的认知不同，在交流展示环节中出现的问题往往也五花八门。教师在教学时应灵活地点拨、引导学生，让学生通过对精读课文的学习掌握学习方法。

精读完一篇童话后，可以让学生略读一篇或两篇童话，主要目的是引导学生把从精读课文中学到的基础知识和阅读方法用于阅读实践中，培养学生独立阅读的能力和良好的阅读品质。如学完《巨人的花园》《去年的树》后，可以引导学生自主略读课文《幸福是什么》《小木偶的故事》，让学生快速回顾精读课文的学法，运用在精读课文中学到的方法进行自主阅读，然后小组交流展示，教师点评。

正如教育家霍懋征所说，用以一带二、举一反三的办法进行教学，不仅大大加快了教学进度，而且让学生读得多，掌握的知识也更丰富、牢固，能力的提高也就更快了。

## 四、突出重点，归纳学法

教师要及时引导学生总结、提炼精读课文的学习方法，可以在课中总结也可以在课后总结，然后依“法”学习略读课文，如抓重点词句理解法、有感情地朗读法、背诵优美的段落法等。

## 五、总结提升，领悟表达

学完一课或一个单元后，总结、提炼突出的写作方法。教师要引导学生从选材、立意、布局谋篇等方面积累写作方法，做到一课一小得，一单元一大得。如人教版四年级下册第二单元的写作方法是抓住人物的外貌、语言、动作、神态、心理活动来刻画人物。

附：

**《地震中的父与子》《“精彩极了”和“糟糕透了”》教学实录**

一、教学《地震中的父与子》

（一）激情导入，初识爱

师：同学们，在我们的日常生活中，处处洋溢着浓浓的父母的爱。父母的爱是平凡、朴实、无私的。或许，平时我们注意不到它的存在，可是这种平凡的爱在我们的生命遇到危险时，会创造出奇迹。

师：今天我们学习《地震中的父与子》，和作者一起去体验伟大而无私的父爱，请大家齐读课题。

（二）整体感知，感受爱

师：大家已经预习了课文，也自行解决了生字词。现在，请同学们快速浏览课文，说说这对父子给你留下了怎样的印象。

生：了不起！

师：从哪儿看出这对父子了不起？

（三）品读课文，悟真情

1. 体悟父亲的“了不起”

（1）默读课文，画出在父亲救儿子的过程中让你感动的语句，在旁边写上批注。

（2）交流。

（3）出示课文第12自然段，看看怎样将其变成一首小诗。

父亲挖了：

8小时，他心中只有一个念头：“儿子在等着我！”

12小时，他心中只有一个念头：“儿子在等着我！”

24小时，他心中只有一个念头：“儿子在等着我！”

36 小时，他心中只有一个念头：“儿子在等着我！”

学生读这首诗。

师：作者为什么罗列了那么多数字？为什么不直接写 38 小时呢？

生：这样写能表现出挖掘的艰难过程，以及父亲执着的信念和克服困难的决心。

师：从这段文字中你体会到了什么？

生：时间长、艰难。

师：我们带着这种感受齐读一下，感受父亲救儿子的急切心情。

师生齐读。

师：这么危险，父亲为什么还不顾一切地挖呢？是什么支撑着他？

生：父亲信守承诺：“不论发生什么，我总会跟你在一起！”

师：正是这个承诺，支撑着父亲走向废墟，不顾一切地挖了 38 小时，这是常人难以做到的，以至于父亲成了这个样子——

生（接读）：他满脸灰尘，双眼布满血丝，衣服破烂不堪，到处都是血迹。

师：是啊，一位历经艰辛、衣衫褴褛、疲惫不堪的父亲形象已浮现在我们面前——（生接读）

师：这伤痕累累的父亲呀，分明是一台不知疲倦的机器，是一尊高大的塑像！——（生接读）

师：此情此景，我们的心在痛，这就是我们伟大的父亲啊！——（生接读）

师：这时没人再来阻挡他了。曾经有哪些人阻挡过他？他们是怎么说的，怎么做的？读第 5～10 自然段。

学生分角色读，读出不同人物的语气。

师：父亲三次只说了两句话：“谁愿意帮助我？”“你是不是来帮助我？”一次比一次的请求强烈，应该怎么读？

学生读出深深的父爱。

师：正是因为有这样的责任心，他才信守承诺，无论发生什么，他一定要救自己的儿子。让我们走进那一幕，去感受一下父子俩感人的对话吧。下面来读第 13～18 自然段。

2. 体会儿子的“了不起”

师：正是因为父亲的爱和影响，才使阿曼达有了刚毅的品质。从哪儿能看出儿子的了不起？

出示第16、23自然段，学生读。

师：你体会到了阿曼达的什么品质？

生：把生的希望留给别人，把死的危险留给自己。

师：支撑阿曼达活下来的信念是“不论发生了什么，我知道你总会跟我在一起”。

3. 感受父子团聚的场面

师：父子经历了巨大的灾难后，终于团聚了，齐读最后一个自然段。你想对这对了不起的父子说些什么？

学生写下对父子说的话。

师：在汶川大地震中，有一位母亲临死前给孩子留了一条短信：“孩子，如果你还活着，请记住，妈妈永远爱你！”无论是父亲还是母亲，在灾难面前都表现出深深的爱。

二、教学《“精彩极了”和“糟糕透了”》

师：生活中我们也常常会感受到父母不同的爱，第19课《“精彩极了”和“糟糕透了”》又给我们带来什么样的爱呢？

师：读一下课题，题目为什么加引号？

生：是文章中的原话。

师：分别是谁说的？为什么会有两种不同的评价？课文讲了一个怎样的故事，分几部分写的？带着这些问题，读读课文。

（一）体会童年时的巴迪

1. 品读思考

师：对于巴迪的第一首诗，父母是怎样评价的？巴迪有哪些表现？父母为什么会有不同的看法？画出有关的语句读一读，并在旁边写上自己的体会。

2. 交流展示

生：母亲评价“精彩极了”。

生：巴迪得意、自豪、迫不及待。

生：父亲评价“糟糕透了”。

生：巴迪“再也受不了了”，他“冲出饭厅，跑进自己的房间，扑到床上失声痛哭起来”。

师：童年时代，父母对巴迪两种不同的爱，在他的心里牢牢扎下了根。

（二）成年后巴迪的认识

1. 品读思考

（1）这两种不同的评价对巴迪的成长起到了什么作用？

（2）长大后的巴迪对这两种评价有哪些更深的认识？画出感受最深的语句并写上批注。

2. 交流展示

生：父母的爱，一个是鼓励的爱，一个是严厉的爱。

生：这两种爱同时起作用，才使巴迪不至于走向歧途。

师：是的，母亲的爱是鼓励的爱，成为巴迪灵感和创作的源泉；父亲的爱是严格要求的爱，警告巴迪不要骄傲，不要自我陶醉，不要被胜利冲昏头脑。正是这两种不同的爱同时起作用，才使得巴迪没有误入歧途。

（三）拓展延伸

1. 生活中不少同学可能都感受过这两种不同的爱，你认为哪一种爱更有利于自己的成长？

2. 写下父母对自己不同形式的爱。

三、领悟写作方法

1. 回顾一下，2 篇课文都运用了什么写作方法？

抓住人物的外貌、语言、动作、神态、心理活动进行描写。

2. 从选材、立意方面你学到了什么？

都选择了典型的事例：《地震中的父与子》选择了地震这件事，表达了父亲舍身救儿子的心情；《“精彩极了”和“糟糕透了”》写了父母对孩子写的诗的不同评价，表达了对孩子不同的爱。

3. 从布局谋篇方面你学到了什么？

都是按事情发展的顺序安排材料的。

## 《江畔独步寻花》教学实录

一、“寻”字引路，走近人物

师：从题目看，哪个字触动了你？

生：“寻”字。

师：“江畔”是什么意思？

生：江边。

出示：

江畔独步寻花
（唐）杜甫
黄四娘家花满蹊，
千朵万朵压枝低。
留连戏蝶时时舞，
自在娇莺恰恰啼。

师：诗的字音读准了吗？（指生读）

师：接下来看看杜甫寻到了什么？

小组合作探究：杜甫在黄四娘家的园子里寻到了什么？边读边画出重点字词，说说你有什么感受。把你的学习收获用思维导图的形式表现出来。

师：他都寻到了什么？找出重点词语谈谈你的感受，把你的阅读体会、感受表达出来，不断丰富你的思维导图。先独立思考，再小组合作。找一组到讲台上画思维导图，其他人在本子上画。

师：接下来，我们以小组汇报的形式来交流。当有小组汇报时，如果你认同的话，就伸出拇指；如果不认同或有疑问，就举起你的“小问号”；如果你想要补充，就举手示意。

生：杜甫在江畔，寻到了春天三样典型的景物：花、蝶、莺。作者寻花，看到了“花满蹊”和“千朵万朵压枝低”。“满”“压”“千朵万朵”，这3个关键词，表现了花既多又美。

师：其他同学还有补充吗？

生：我觉得“低”才能表达“满”，“低”表示花多、花沉。

生：杜甫在小路上散步，看见小路两旁开满了花，花香四溢。

师：“花满蹊”“压枝低”这样的词语关系紧密，当它们连在一起时，表现了花多、花美。

师：除了花多、花美，你还感觉到什么？

生：感觉到了花香扑鼻。虽然诗中没有出现相关字词，但是从“花满蹊”和“千朵万朵压枝低”中，可以闻到花香。

师：读这些词语，大家的感受不同。

师：诗中“千朵万朵”，到底有多少朵？古人常常用这样的数字表示很多很多，数不清到底有多少朵。你还学过哪些类似的诗句？

生：白发三千丈。

生：飞流直下三千尺。

师：像这样的表述，我们称之为夸张。

师：这么多的花，开得这么美，带着你的想象，你会怎么读？

学生读。

师：感觉到沉甸甸的分量。

学生读。

师：你读得很投入。

学生读。

师：你读得很优雅。

教师范读。

师：老师读的和你们读的有什么不一样？

生：老师的眼神里好像有这样一条布满鲜花的小路，一眼望去都是花。所以读书时，不仅要有语言，更要有眼神，把自己融进去。

师：大家齐读试试。

学生齐读。

师：其实，杜甫在诗里并没有写明自己寻找到了哪些花，是什么样的，我们不妨展开想象，想象一下他寻到了哪些花。

生：迎春花、玉兰花。

生：丁香花。

生：桃花。

师：还可能寻到什么花？

生：雪白的梨花。

生：花团锦簇的樱花。

生：红似火的石榴花。

……

师：刚才同学们的想象特别丰富，想到了好多花，其实，杜甫并没有在诗中一一写出来，他把所有的花，都融进了一个字“满”中。想一想，哪些成语也可以表现“满”?

生：花红柳绿，春色满园。

师：还有其他成语吗？如关于姿态、香气的？

生：千姿百态，花香四溢。

师：老师查了一下，我们这里的花有迎春花、梨花、杜鹃花、樱花、桃花、海棠花、牡丹花、杏花、山茶花、李花、樱桃花……它们的花期不一样，我想此时此刻，不管是你想到的还是看到的，是曾经开的、现在开的，还是即将要开的，现在都已满满地开在了我们心里。正是这样一个“满”字，带给了我们这样的想象：满的是花红柳绿，满的是百花盛开，满的是姹紫嫣红，满的是恋恋不舍……想到这，你不禁会这样赞叹——

生：黄四娘家花满蹊，千朵万朵压枝低。

师：其实，古人很爱用“满”字表达说不尽、道不完的春色。快想一想，你曾经读过的诗句中就有。

生：春色满园关不住，一枝红杏出墙来。

生：绿遍山原白满川，子规声里雨如烟。

生：最是一年春好处，绝胜烟柳满皇都。

师：其他同学还有补充吗？

学生补充。

师：初唐时期，写诗特别讲究对仗，到了盛唐时期，对仗就特别少了，但在诗人杜甫的诗中，对仗是常常出现的。(课件出示)

绝　句

（唐）杜甫

迟日江山丽，

春风花草香。

泥融飞燕子，

沙暖睡鸳鸯。

绝　句

（唐）杜甫

两个黄鹂鸣翠柳，
一行白鹭上青天。
窗含西岭千秋雪，
门泊东吴万里船。

师：句句对仗工整，读起来更加有韵味。

师：来看看“留连戏蝶时时舞，自在娇莺恰恰啼”中，谁与谁对仗？

学生回答。

师：加上想象读一读这句。

学生读。

师：你这只娇莺叫得很欢快。

学生读。

师：这是一只优雅、乖巧的小莺。

学生读。

师：这只娇莺一定是被这些花陶醉了。

师：让我们带着满心欢喜，把这首诗完整地读一下——

学生齐读《江畔独步寻花》。

师：下面来看看杜甫的另外一首诗。（课件出示）

春　望

（唐）杜甫

国破山河在，
城春草木深。
感时花溅泪，
恨别鸟惊心。
烽火连三月，
家书抵万金。
白头搔更短，
浑欲不胜簪。

师：也是春天的花，春天的景色，但是景相似，情不同。

二、联系背景，升华认识

出示资料：

资料一：《春望》写于“安史之乱”期间。当时，老百姓死伤无数，人民生活在水深火热之中，诗人杜甫也过着颠沛流离的生活，忧国忧民，内心无比凄苦、悲伤。

资料二：写《江畔独步寻花》这首诗时，“安史之乱”已经基本平定，老百姓又过上了幸福生活，诗人杜甫在饱经离乱之后，也在成都草堂有了安身之地。

生：写作背景决定了诗人的心境，联系背景可以帮助我们加深对诗的理解。写《春望》时，杜甫正在经历战乱，而写《江畔独步寻花》时他在成都草堂暂时有了安身之地，寻得了一份暂时的安宁。

生：其实，从杜甫整个人生来说，他的人生是颠沛流离、充满坎坷的，但是，就在此时，在这个阶段，他有一份短暂的安宁，写下了《江畔独步寻花》。我们从中感到了他满心的欢喜。

师：我们从这首诗中读出了杜甫当时的状态。在这首诗中，他寻到的仅仅是花、蝶、莺吗？

三、寻诗背后，隐忍心境

师：还寻到了什么？

生：轻松的心境。

生：他看到人民当下的幸福生活，满心欢喜。

生：他还寻到了一份快乐，一份希望。

师：不仅仅是这一首诗，他在独步寻花时，一共写了七首，都叫《江畔独步寻花》，包括《春夜喜雨》等都是这时期的作品。在这个时期，诗人留下的不仅仅是这样一份快乐，还有希望，还有此时此刻他人生积极昂扬的状态及满心的欢喜。

师：再来看看这首诗。（课件出示）

游园不值

（宋）叶绍翁

应怜屐齿印苍苔，

小扣柴扉久不开。

春色满园关不住，
一枝红杏出墙来。

师：这也是一首七言绝句，写了春天的花，更巧的是也有一个“满”字，这些相同的背后，又有着怎样的不同呢？我们回去继续探究。

该课教学以“寻”字为线索，探究杜甫寻找什么，补充了若干首杜甫的诗，学生学到的不仅仅是一首诗，还收获了多种学习方法。

## 第三节　略读课例的设计与操作流程

略读课采用导学案方式让学生自学课文，设计导学案时，教师要先找到单元主题的训练点，然后围绕训练点从默读，概括内容；批注，理解感悟；总结，表达方法；记诵，积累语言；拓展，阅读积累（可根据具体情况加以改动）五个方面进行设计。导学案的设计要涵盖阅读教学的多个方面，培养学生的概括能力、理解能力、积累能力、拓展阅读能力。小小的导学案使学生收获的不仅仅是一种能力，更是一种生命的成长。

### 一、导学案设计

导学案的设计，要抓住本单元的主题训练点，如人教版四年级上册第一单元“自然奇观”一组的主题训练点是学会观察景物的特点。该单元略读课文导学案设计如下。

**《雅鲁藏布大峡谷》《火烧云》导学案**

| 训练项目 | 具体要求 |
|---|---|
| 默读，概括内容 | 1. 大峡谷的奇异景观体现在哪些方面？概括一下。<br>2. 火烧云像哪几种动物的形态？ |
| 批注，理解感悟 | 1. 课文是按什么顺序写的？<br>2. 你找到了哪些关键词语？从中体会到了什么？写下批注。 |
| 总结，表达方法 | 1. 课文为什么写得这么生动？采用了哪些写作方法？<br>2. 学了课文后你有哪些收获？ |
| 记诵，积累语言 | 背诵自己最喜欢的句段。 |
| 拓展，阅读积累 | 读主题阅读丛书相关内容。 |

人教版四年级下册第二单元略读课文的导学案设计如下。

**《万年牢》《将心比心》导学案**

| 训练项目 | 具体要求 |
|---|---|
| 抓语言、动作揣摩人物的内心世界 | 1. 课文围绕父亲做糖葫芦讲了哪几件事？<br>2. 从哪些地方可以看出父亲做事认真、实在？画出描写父亲语言、动作的句子，多读几遍，并在旁边写上体会。<br>3. 母亲是怎样宽容、善待护士的？画出描写母亲语言的句子，在旁边写下感受。 |
| 找共性，体会写作方法 | 1. 这两篇课文都是通过什么描写来表现人物以诚待人的？<br>2. 文中的父亲和母亲是怎样的人？ |
| 理解含义深刻的句子 | 联系上下文说说你对这两段话的理解。<br>“父亲教导我做万年牢，就是要做个可靠的人，实实在在的人。无论做什么事都要讲究认真，讲究实在。”<br>“是啊，如果我们在生活中能将心比心，就会对老人生出一份尊重，对孩子增加一份关爱，就会使人与人之间多一些宽容和理解。” |
| 记诵，积累语言 | 把最感动你的句段背熟。 |

人教版四年级下册第四单元略读课文的导学案设计如下。

**《小英雄雨来》《和我们一样享受春天》导学案**

| 训练项目 | 具体要求 |
|---|---|
| 默读，概括内容 | 课文讲了雨来哪几件事？试着给每一部分加个小标题。 |
| 静思，体会品质 | 1. 雨来是怎样与鬼子周旋的？找出相关句子读一读。<br>2. 你从哪儿看出了雨来的勇敢机智？用书中的话回答。 |
| 批注，理解感悟 | 1. 画出自己感受最深的句子，并做好批注。<br>2.《和我们一样享受春天》中我们祈盼的是什么？画出相关句子并写上自己的理解。 |
| 总结，领悟写法 | 1. 文中有几处环境描写和多次提到雨来上夜校，这与表现雨来的精神有什么关系？<br>2. 课文是抓住人物的哪方面来写的？ |
| 记诵，积累语言 | 把最感动你的句段读一读、背一背。 |

学生根据导学案阅读课文，查阅相关资料，小组合作完成导学案。

## 二、操作流程

1. 回顾学法，掌握方法

教师引领学生回顾在精读课例中学到的相关方法，重温学习方法，加深印象，然后学以致用，学习略读课文。

2. 依据学案，小组合作

若教师担心完全放手会使学生无从下手，可以给予学生提示，让学生知道做什么、怎样做，进而提高学习效率。此环节，应给学生 20 分钟左右的时间，让学生小组合作，亲历学习过程，不可流于形式。

3. 集体交流，纠偏纠错

学生有了自己的真知灼见后，在班内进行交流，从而把理解偏颇或错误之处改正过来，使自己对问题的认识得以深化。

4. 综合训练，形成技能

学完一个单元后，围绕课后习题，引导学生有感情地朗读或背诵课文，让学生完成课后的“小练笔”，以达到综合训练、发展技能的目的。

# 第四章 群文阅读课

群文阅读课，就是指在学完一篇课文后，或拓展阅读语文主题学习丛书配套阅读篇目，或围绕主题自选阅读篇目，或阅读《经典诵读》中的相关篇目。如以“亲情”“童年”等主题作为核心线索，串起课外阅读中那些散乱的“珍珠”。课内学习如何读懂一篇文章，并强调一篇课文带多篇文章；课外学习如何读懂一本书，并强调一篇课文带一本书，甚至多本书。

## 第一节　为什么要阅读

一个人的阅读史就是他的精神发育史；一个民族的精神境界取决于国民的阅读水平；一所没有阅读的学校永远不可能有真正的教育；一个书香充盈的城市才会是美丽的城市。

第十五次全国国民阅读调查报告显示：2017 年，我国成年国民人均纸质图书阅读量为 4.66 本，人均电子书阅读量为 3.12 本。现在虽然提倡全民阅读，教师、家长、学生都认识到大量阅读的重要性和必要性，但我们也不可回避仍存在的问题：我们的小学生开始阅读较晚，比发达国家晚一至两年，且阅读量小，阅读能力不强。但阅读不仅是高考的需要，更是学生成长的需要。

### 一、阅读是学生高考的需要

如今，高考命题方式正在进行很大的改革，而且在悄悄地改——阅读速度方面，以前卷面大概是 7000 字，现在是 9000 字，将来可能增加到 1 万字；阅读题量也增加了。“部编本”语文教材总主编温儒敏指出，语文高考最后要实现让 15%的人做不完。他还指出，现在阅读的要求远远高出了语文教学平时教的水平。“教改必须用高考来撬动，来推动阅读、写作的教学。”别再说什么应付考试没时间阅读，现在孩子不阅读，根本应付不了考试！

正在着手编高中语文教材的曹文轩指出，新的语文教材要对教师和学生有制约作用，比如文章后提供书目。这个书目不是可看可不看的，是必须看，因为要与教师的语文教学和学生的评估直接挂钩，所以你想不看都不可以。高质量的阅读需要高水平的语文学习。所有科目都将考验阅读水平，阅读不行卷子都做不完！

阅读是给人生奠基的“大石块”。阅读不仅是语文的事，还是对所有学科都有益的大事。“语文为王”的时代已经开启，未来学生拼的是阅读与理解。

## 二、阅读是学生成长的需要

现代教育心理学表明，小学阶段是儿童语言发展的最佳期。在这个时期，孩子有惊人的记忆力，如果只是在十分有限的阅读范围内进行训练，孩子的语言发展会受到束缚，不能发挥最佳记忆期的作用。

很多家长都很重视孩子的课外阅读，提倡孩子多读书、读好书。但一些家长会有这样的疑问：为什么我的孩子读了不少书，但作文水平并没有明显的提高？实际上，语言文字的表达需要一个积累和内化的过程。长期而大量的阅读是最好的积累，当孩子的语言有了很深的积淀后，相信他们的写作水平会逐步提高的。

著名语言学家吕叔湘先生在《当前语文教学中两个迫切问题》一文中尖锐地指出，10 年的时间，2700 多课时，用来学习本国语文，却是大多数不过关，岂非咄咄怪事！

叶圣陶先生说过：“语文教材无非是个例子，凭这个例子要使学生能够举一反三，练成阅读和作文的技能。”

反观现在的语文教学，教师仍然比较重视对语文教材的教学。而这样的阅读量是远远不够的。群文阅读教学，需要学生在一节课中读五篇左右的文章；每个单元配套读一本书，或课文所涉及的原著或相关的书，有效地增加了学生的阅读量，扩大了学生的阅读面，为学生阅读素养的发展做好了准备。

于是，我积极引导学生进行海量阅读，在单篇精读的基础上，进行群文阅读。

# 第二节　群文阅读课程体系的构建

群文阅读教学是指以教材为载体，结合单元主题，拟定学习议题，适时调整、删减或增补阅读材料，运用所学方法阅读相关文章。

我构建了主题群文阅读课程体系，包括三个维度：课内阅读体系、课外阅读体系、经典诵读体系。其中，以课内阅读为主，课外阅读为辅，经典诵读为伴。

在群文阅读教学中我注重四个结合：阅读和语文教学相结合；阅读和特色经典相结合；课内阅读和课外阅读相结合；阅读和习作、习字、积累相结合。

## 一、课内阅读体系

### 1. 略读群文课

人教版语文每个单元有1～2篇略读课文，学生学完略读课文后，随堂阅读语文主题阅读丛书精选篇目中的2～3篇文章，并适当进行课堂交流。

### 2. 每周两节阅读课

在每周两节的阅读课上，除阅读语文主题阅读丛书剩余部分篇目外，还阅读其他共读书目，形式可以是师生阅读分享交流、自主阅读等。

## 二、课外阅读体系

课外阅读的内容主要包括语文主题阅读丛书剩余篇目、共读书目和自主阅读书目，引导学生利用每晚半小时、午读20分钟、节假日等时间进行有目的性、有针对性的阅读。

### 1. 语文主题阅读丛书剩余篇目

除去课内随文阅读篇目和阅读课上的阅读篇目外，剩余的篇目全部利用课外时间来读。

2. 共读书目

低年级共读书目主要是绘本故事、成语故事、儿歌、童谣、《三字经》等。

中年级共读书目主要是童话故事、名人传记等。

高年级共读书目主要是纯美小说和中外经典名著。

3. 自主阅读书目

一是教师根据学情推荐阅读书目供学生选读，这些书跟学生的学习生活有紧密联系；二是学生自由选择自己喜欢的书目阅读。每月自主阅读书目不少于1本。

## 三、经典诵读体系

经典阅读体系包括《经典诵读》读本、《特色经典诵读》读本、《本土作家》读本。利用每天晨诵10～20分钟和课前5分钟诵读。

《经典诵读》读本：

一、二年级：《三字经》节选、《弟子规》节选及儿歌。

三、四年级：《笠翁对韵》节选及古诗。

五、六年级：《增广贤文》节选、《论语》节选、《大学》节选及古诗。

《特色经典诵读》读本：

一、二年级：儿歌、谚语、中华成语、四季诗。

三、四年级：唐诗、宋词。

五、六年级：《大学》《劝学》等。

《本土作家》读本：

莫言、臧克家、峻青、王愿坚等是中国文坛的标志性人物，搜集他们的名篇，将其编辑成小册子让学生去读。

如峻青的《老水牛爷爷》。潍河就在我们身边，本地学生读这类文章时，可以想象一下老水牛爷爷在潍河里面游泳，感觉会比较亲切。

另外，我们这里是恐龙之乡，于是编写了一本关于恐龙的读本。对于恐龙灭绝的原因，有很多说法，可以让学生大胆想象恐龙灭绝的原因，并提出自己的观点，这不就是很有价值的阅读吗？

# 第三节　群文阅读课的操作流程

群文阅读课的操作流程为“导入新课—主题回顾—阅读概览—精彩分享—主题拓展”。

## 一、导入新课

在学完每单元课文后，围绕单元主题拓展导入。

## 二、主题回顾

旨在简单回顾单元内的几篇课文，提炼出这个单元的主题。这实际上也是在训练学生的归纳概括能力，使学生能用简练的语句对文章内容进行概括。

如六年级上册第三组课文是《穷人》《别饿坏了那匹马》《唯一的听众》《用心灵去倾听》，其主题是“情暖人间”。

群文阅读内容：在主题阅读丛书中，选编了 8 篇以“人间真情”为主题的文章，我们重点阅读了《大冒险》《教师节的康乃馨》《妈妈哭泣的那一天》《爸爸的新鞋》4 篇文章。

## 三、阅读概览

概括课文的主要内容，让学生把打动自己的句段画下来，并批注打动自己的原因。然后填写《群文略读记录表》，之后交流哪些地方打动了自己及为什么打动了自己。

**群文略读记录表**

| 群文标题 | 作者 | 主要内容 | 打动你的句段 | 为什么感动 |
|---|---|---|---|---|
| 《大冒险》 | | | | |
| 《教师节的康乃馨》 | | | | |
| 《妈妈哭泣的那一天》 | | | | |
| 《爸爸的新鞋》 | | | | |

在此基础上，再通过单元阅读和群文阅读对比，理出材料的情感主题。

| 课文标题 | 情感表达 | 群文标题 | 情感表达 |
|---|---|---|---|
| 《穷人》 | 乐于助人 | 《大冒险》 | 信守承诺 |
| 《别饿坏了那匹马》 | 善解人意 | 《教师节的康乃馨》 | 尊师爱生 |
| 《唯一的听众》 | 鼓励成长 | 《妈妈哭泣的那一天》 | 母子情深 |
| 《用心灵去倾听》 | 用心倾听 | 《爸爸的新鞋》 | 相亲相爱 |

## 四、精彩分享

在这个环节中，教师应采用民主、互动、多元的对话方式。交流时，学生的感悟无论是深刻还是肤浅，都是属于他们的独特感悟，教师都应充分地尊重，让他们感受到成功的喜悦。教师不应一味地将课文讲深，而应更多地关注学生的多元理解。

在学生分享交流之后，教师需要在一两个点上引导学生的思考向纵深发展，从以下四个方面提出有价值的话题，以使学生的思考更有深度：一是着眼于对作品的整体把握；二是产生于学生的认知冲突或矛盾点；三是来源于作品的文体特征和作家的表达风格；四是能够与学生的生活和感情世界相连接。

## 五、主题拓展

学习完整个单元的课文后，安排一节拓展群文阅读课。

教师搜集与本单元内容相近的文章，让学生分小组阅读，分享阅读收获，拓展学生的阅读量。同时，教师指导学生做好阅读笔记，写好阅读点评，安排好小组交流，做到阅读与积累、交流、欣赏、练笔相结合。

如在学完人教版五年级上册第一单元《窃读记》《小苗与大树的对话》《走遍天下书为侣》《我的“长生果”》后，拓展阅读课外篇目，包括《背书》《童年》《生命的一部分》。这 7 篇文章从不同角度介绍了古今中外许多名人对读书的热爱，让学生从中得到关于读书的有益见解，明白读书对写作的影响，激励学生好读书、读好书，让书成为学生生命的一部分。

再如在人教版四年级下册第五单元“珍爱生命”这一主题的4篇课文《触摸春天》《永生的眼睛》《生命　生命》《花的勇气》学完后，设计群文阅读课“感悟生命”，选择《蚂蚁》《蜘蛛》《种子的力量》《生命里的十字绣》让学生进行群文阅读。教学目标设定为回顾本单元课文，自主阅读一组文章，然后讨论、交流自己的感悟，体会蚂蚁、蜘蛛、植物、残疾女孩的顽强生命力，鼓励学生树立无所畏惧的勇气和信心，并学习运用“事例+启示”的习作方法表达自己对生命的感悟。

## 第四节　群文阅读课例

下面是我班进行群文阅读的教学课例。

课例一：

### “人间真情”群文阅读课

——人教版六年级上册第三单元教学设计

【教材分析】

本组课文是以“人间真情”为主题的。小说《穷人》赞美了穷苦渔民桑娜与丈夫的美好心灵。《别饿坏了那匹马》讴歌了残疾青年的美好心灵。《唯一的听众》表现了德高望重的老教授爱护、鼓励年轻人成才的美德。《用心灵去倾听》讲述了一位普通的“问讯处”的工作人员，用心灵去倾听，给他人带来快乐与幸福的事情。课文中的这些人物虽然身份不同，但他们都有一颗善良的心，用自己的实际行动谱写了一曲曲人间真情之歌。而主题阅读丛书中安排的几篇文章也都是从不同角度赞扬了人间的真情。该教学设计旨在让学生在阅读课文的同时，能体会到真情给人们带来的感动，引导学生树立讲诚心、动真情、乐于帮助别人的风尚。

【设计理念】

让学生通过阅读，感受文中人物的美好心灵，体会真情给人们带来的温暖和感动。通过知识树，实现教学内容、教学时空、教学方法的全面开放。

【教学重点】

1. 通过阅读本单元的真情故事，熏陶情感、发展思维。

2. 分享主题阅读的学习内容、学习方法等，为有效同步阅读奠定基础。

【教具准备】

多媒体课件、《群文略读记录表》。

【教学过程】

一、谈话导入

师：孩子们，人间处处有真情。真情，是春天的细雨，滋润你干涸的心灵；真情，是夏天的和风，拂去你全身的疲劳；真情，是秋天的硕果，填饱你肚中的饥饿；真情，是冬天的骄阳，驱除你内心的寒冷。今天，让我们一起用画知识树的方法来感悟这足以温暖我们每个人心灵的人间真情。（课件出示只有树干的知识树）相信你们会用精彩的阅读展示，让这棵大树长出茂盛的枝叶，结出丰硕的果实。

二、主题回顾

师：在第三单元的4个真情故事中，什么样的情感温暖了你的心？

预设：《穷人》——乐于助人；《别饿坏了那匹马》——善解人意；《唯一的听众》——鼓励成长；《用心灵去倾听》——用心倾听。

三、阅读概览

师：主题阅读丛书中，也选编了8篇以“人间真情”为主题的文章，我们重点阅读了4篇《大冒险》《教师节的康乃馨》《妈妈哭泣的那一天》《爸爸的新鞋》。前几天，老师已经让同学们进行了认真的阅读，并且填写了《群文略读记录表》。请大家在小组内部相互交流，看看你们的阅读体会是不是一样。

师：刚才老师看了看，同学们填写得都很认真，说明读书都很用心。下面我们就来汇报一下这4篇文章又体现了怎样的人间真情。

《大冒险》——信守承诺

《教师节的康乃馨》——尊师爱生

《妈妈哭泣的那一天》——母子情深

《爸爸的新鞋》——相亲相爱

师：大家读书都非常认真，也很仔细。我们再来看看这棵知识树，从这棵树上，我们看到了乐于助人、善解人意、鼓励成长、用心倾听、信守承诺、尊师爱生、母子情深、相亲相爱，这些都是人间真情。

师：在这些感人的文章中，一定有些句子或段落打动了你。请你找出来先给大家读一读，再说一说为什么让你感动。在你读之前，你应该邀请大家把书翻到哪篇文章的哪个地方，要把它说清楚。

四、精彩分享

预设：

1.《大冒险》学生感动语句

(1)“听小豆豆的语气，仿佛自己是泰明的姐姐。泰明很担心地看了看脚手架，又看了看满头大汗的小豆豆。这时候，泰明的身上也被汗水湿透了，他抬起头来看了看大树。然后下定决心，抬腿向第一级迈去。”

师：听了他的朗读，你仿佛看见了什么？你愿意再来读一读，和大家分享一下吗？

(2)“但是泰明已经非常信任小豆豆，而小豆豆在此刻，也拼命努力着。”

师：听了他的交流，你有什么问题？

讨论：泰明为什么会这样信任小豆豆？

2.《教师节的康乃馨》学生感动语句

“中年妇女和小男孩拎着花篮走了。这一篮康乃馨，对于女教师恐怕是她一生中收到的最好礼物了。对于我，也是一生中插得最好的花篮，因为它在我的心灵中已铸成一篮真善美的花!”

师：女教师收到的花是谁送的？这个小男孩的什么地方打动了你？

讨论：什么样的花才是真善美的花？

3.《妈妈哭泣的那一天》学生感动语句

“此时此刻，我第一次理解到母亲的天性是这样的敏感，她永远是我的母亲，然而她同时还是一个人。一个与我一样会有恐惧、痛苦和失败的人。我感到了她的苦楚，就像当我在她的怀抱里寻求慰藉时，她一定曾千百次地感受过我的苦闷一样。”“由于看见了她一时的软弱，我不仅学会了尊重她的坚强，而且，自身的一些潜在的力量也被激发和开掘出来。”

师：这段文字带给你怎样的震撼？

讨论：这篇文章是否让你学会了更理解和尊重母亲？今后你要怎样对母亲？

4.《爸爸的新鞋》学生感动语句

“最后，我攥紧握着10美元的那只手，做了一个决定——从削价处理的货架上挑选了一双10号的鞋子，然后飞快地跑向收银台。”

探究点：“我”为什么没有买鞋而给爸爸买了双新鞋？

引导学生发现故事中对爸爸鞋的细节描写以及“我”前后的思想变化，让学生在品读中感悟和体会。

师：大家读得非常精彩，讨论得也很热烈，你们不但把自己的感受与我们分享了，还把文中的人物带到了我们的心里，让我们再一次为故事中的人而感动着，被这人间朴实纯真的真情温暖着。

五、主题拓展

师：今天我们学习了这个单元的内容，重点分享了主题阅读丛书上的4篇文章，通过画知识树的方法把“人间真情”这个主题呈现了出来，瞧，知识树现在已经是枝繁叶茂、硕果累累了。其实真情无处不在，大家回想一下，在生活中你看见、听到或者是亲身经历了怎样的真情故事，把它分享给我们。(《爱的奉献》音乐循环播放，直至课堂结束)

学生讲述真情故事。

师：听了大家讲的故事，我们能感到一个个鲜活的人物正向我们走来。是啊，在我们的生活中，真情无处不在，我们无时无刻不徜徉在真情的海洋里，相信通过今天这堂课的学习，大家一定对真情有了更深的体会，请大家用“真情是什么？真情是——”来写一句你感触最深的话。

这是以“人间真情”为主题的群文阅读，此外还有以“人物”为主题的群文阅读，以“事件”为主题的群文阅读……

课例二：

## “走近鲁迅”群文阅读课

——人教版六年级上册第五单元教学设计

一、导入新课

师：同学们，我国有这样一位大文豪：他时常穿一件朴素的中式长衫，短短的头发刷子似的直竖着，浓密的胡须成一个隶书“一”字……他，就是鲁迅。

师：今天我们就来看看他人眼中的鲁迅是什么样的。

二、复习回顾

1. 本单元的主题是什么？

2. 请快速浏览文章，说说鲁迅是一个怎样的人。

3. 举例：从这两句语言描写中看出鲁迅是一个幽默风趣的人。

从（　　）描写中看出鲁迅是（　　　　　）。（具有什么品质）

小结：从人物语言、外貌和动作中，能读出人物的品质特点。

4. 读书方法：泛读、速读、精读。

我们要根据不同的情况，选择不同的读书方法，才能达到事半功倍的效果。

三、学习文章

首先构建他人眼中的鲁迅，选取文章如下：《我的伯父鲁迅先生》《回忆鲁迅先生》《许广平眼中的鲁迅》。

3 篇文章，分别从侄女、学生、妻子的角度来看鲁迅先生，通过学习这 3 篇文章，会发现鲁迅先生挺幽默的。

（一）他人眼中的鲁迅

1. 自由读这 3 篇文章。

2. 小组内交流读书感受。

3. 师生配合读《鲁迅的印象》（节选）。

4. 全班交流。

3 篇文章整体推进，引导学生发现幽默的鲁迅，运用表格梳理鲁迅的幽默，感受鲁迅的可爱。

| 《我的伯父鲁迅先生》 | 《回忆鲁迅先生》 | 《许广平眼中的鲁迅》 |
|---|---|---|
| 谈《水浒传》 | 开玩笑 | 为人师：深入浅出，幽默风趣 |
| 谈“碰壁” | 被逗笑 | 为人夫、为人父：有严有慈 |
| 帮助车夫 | 谈青年人写信 | 为人兄：照顾周到，忍让迁就 |
| 关心女佣 | 踢“鬼” | 为长辈：关爱儿童和青年 |

通过对比，拓宽学生的学习路径，引导学生发现幽默背后的深意，了解鲁迅对儿童和青年的关爱，还原一个伟大的鲁迅。

原来鲁迅幽默背后藏着的是对儿童的爱，是对亲人的爱，是对劳苦大众的爱，那是亲切的关爱。这样，就读出了人物背后的伟大。

（二）不同人对鲁迅先生有不同的评价

1. 侄女周晔：的确，伯父就是这样的一个人，他为自己想得少，为别人想得多。

2. 工作人员阿累这样说：正是他！憎恶黑暗有如憎恶魔鬼，把一生的时光完全交给了我们的民族，一位越老越顽强的战士！

3. 众多作家这样评价：

叶圣陶：与其说鲁迅先生的精神不死，不如说鲁迅先生的精神正在发芽滋长，播散到大众的心里。

郑振铎：鲁迅先生的死，不仅使中国失去了一个青年的最勇敢的领导者，也使我们失去了一个最真挚最热忱的朋友。

郁达夫：鲁迅虽死，精神当与中华民族永存。

竹内好（日本文学评论家）：鲁迅是现代中国国民文化之母。

胡适：鲁迅是个自由主义者，绝不会为外力所屈服，鲁迅是我们的人。

毛泽东：鲁迅的骨头是最硬的，他没有丝毫的奴颜和媚骨，这是殖民地半殖民地人民最宝贵的性格。鲁迅是在文化战线上，代表全民族的大多数，向着敌人冲锋陷阵的最正确、最勇敢、最坚决、最忠实、最热忱的空前的民族英雄。

郭沫若：鲁迅先生无意做诗人，偶有所作，每臻绝唱。

老舍：看看鲁迅全集的目录，大概就没人敢说这不是个渊博的人。可是渊博二字还不是对鲁迅先生的恰好赞同。

茅盾：要冒这一切伟大的永久纪念的必得办到，由一个先决条件：学习鲁迅！

著名诗人臧克家用诗歌《有的人》来评价鲁迅。

四、实践活动

搜集有关鲁迅的资料，准备下节课交流。

课例三：

## “走近身边名人”群文阅读课

在群文阅读课中，除了以教材、主题阅读丛书为中心外，我还巧妙选材，用材料感动学生，用故事改变学生。

学完《钓鱼的启示》一文后，围绕“规则”主题，我选择了4组典型材料让学生阅读，以使学生深刻地领会“规则”的内涵。

材料一：“最美女教师”张丽莉的事迹。

思考：人们为什么称张丽莉老师是“最美女教师”？张丽莉老师为什么在紧急关头把救护学生当作一种自己应尽的责任？

“不要把我当作英雄，我只是尽了自己应尽的责任，希望自己赶快好起来，回到讲台，继续为孩子们上课。”

——张丽莉

思考：这是一种怎样的情怀？（这是一名教师对教育的最好诠释）

材料二：“最美司机”吴斌的事迹。

思考：吴斌为什么被称为“最美司机”？

如果你是坐在吴斌叔叔车上的一位乘客，如果你是一位参加吴斌叔叔葬礼的市民，如果你是吴斌叔叔的亲人……你一定有许多话想对他说，请写出你心中的感动，或为他写颁奖词。

诗人潘维写下了这样的感动：

《今天叫吴斌》

今天，整个杭州只有一位司机；

今天，所有的事情连同西湖的水光都只是乘客；

今天，司机用生命把乘客停在岁月的宁静里；

今天，离开的是死亡，留下的是责任、爱和伟大的平凡；

今天，叫吴斌。

写给吴斌的颁奖词：

平凡的职业，生命的伟岸。危急关头，强忍剧痛，你用生命的最后1分16秒完美地诠释了作为一名普通司机的责任与担当，你用生命为我们树立了坚守岗位、舍己为人的光辉榜样。吴斌——你是当之无愧的平民英雄。

材料三：《真正的财富》《历经80年的责任》《德国小学生的“绿色记事本”》《心田上的百合花》，选读其中的一个故事。

思考：“责任”的含义是什么，用简洁的语言写下阅读感悟。

思考：阅读了有关责任的故事，最让你感动的是什么？你觉得故事中的人物幸福吗？静静阅读，独立思考，小组交流。

材料四：联系自己的生活谈谈责任是什么。

生：责任就是课堂上专注的眼神和高高举起的小手。

生：责任就是清晨的读书声，像小鸟的歌声一样在校园里飘荡。

生：责任就是作业本上端正的字迹和鲜红的五角星。

生：责任就是我们用绿色把教室装点得像花园一样生机盎然。

生：责任就是心中的太阳，在寒冷的冬季，鲜花也会幸福地绽放。

生：责任就是爸爸妈妈会心的微笑和老师赞许的目光。

师：责任就是对自己负责，学会求知；对他人负责，学会关心；对家庭负责，学会报答；对集体负责，学会合作；对自然负责，学会呵护；对社会负责，学会奉献。一句话，责任就是一种博爱心态，一种担当勇气，一种自觉行为，一种幸福境界。

选择有意义的材料，让学生感动着，让学生的心灵受到触动，再让学生结合自己的实际生活，把责任落实到每一个细节中。群文阅读课让学生的生命绽放精彩。

# 第五章 整本书阅读课

叶圣陶先生曾明确提出："把整本书做主体，把单篇短章做辅佐。"于是，我构建起了基于单元主题的整本书阅读体系。

所谓整本书阅读，就是以语文教材为依托，从阅读推荐书目中挑选与单元主题相符合的整本的课外读物，组建成一个由单元教学衍生的阅读拓展体系。这一体系下的"整本书"将与语文教材一起走进课堂，走进教学。下面我将以自己所带班级的实践为例进行阐述。

## 第一节 整本书阅读课程体系的构建

组建阅读课程体系，读最有效的书。人教版教材中，每个单元都有1个主题，读完每个单元后让学生选择阅读书目，其中有1本必读书籍，3本自由阅读书籍，组建成和教材配套的阅读课程体系。阅读书目主要由以下几种类型的书籍构成。

### 一、读课文原著

和课文比起来，原著有着无可比拟的优越性。比如，节选为课文时，里面的一些细节等可能根据需要被删掉了，而这些描写对于我们的阅读来说，是非常重要的。有多重要呢？如果说一本书就是一道菜的话，那么主要的情节就是这道菜的主要原料，而这些被删掉的细节描写就如各种佐料，没有它们，菜依然能够做熟，依然可以吃，但是味道就差了些。

因此，学完某篇课文，读一读其原著，能够加深自己对课文的理解，对于丰厚自己的阅读量、提升自己的写作能力也是大有裨益的。

在现行教材中，每个单元的课文都在4篇左右，虽然都是名家名篇，是学生阅读的蓝本，但是课文内容容量有限，不能满足学生的阅读需要，读课文原著是很好的阅读补充。

如学完人教版三年级下册《夸父追日》后读原著《山海经·海外北经》；学完四年级下册的《普罗米修斯》后读原著《希腊神话》；学完五年级下册《冬阳·童年·骆驼队》后读原著《城南旧事》；学完五年级下册《祖父的园子》后读原著《呼兰河传》；学完五年级下册《将相和》后读原

著《史记·廉颇蔺相如列传》……

部分篇目的原著如下。

| 课文 | 作者 | 原著 |
|---|---|---|
| 《观潮》 | 赵宗成　朱明元 | 《喜看今日钱塘潮》 |
| 《蟋蟀的住宅》 | 法布尔 | 《昆虫记》 |
| 《草船借箭》 | 罗贯中 | 《三国演义》 |
| 《景阳冈》 | 施耐庵 | 《水浒传》 |
| 《猴王出世》 | 吴承恩 | 《西游记》 |
| 《“凤辣子”初见林黛玉》 | 曹雪芹 | 《红楼梦》 |

## 二、读单元主题书

根据单元主题选择书籍进行整本书阅读，其目的在于让学生在丰富的阅读资源中全方位地解读单元主题，获得更深刻的感悟。

如四年级上册第六单元的主题是“爱与奉献”。要想让学生更深刻地体悟这一主题，就需要借助整本书的力量。为此，我选择了绘本《老人和猫》《爱心树》作为阅读拓展。

其他的单元主题也都可以找到相应的书，如《爷爷变成了幽灵》《弗洛拉的小毯子》《给爸爸的吻》《强强的月亮》是关于“亲情”的；《两个好朋友》《江布朗和夜半猫》是关于“友谊”的；《动物绝对不应该穿衣服》《我要大蜥蜴》《魔法森林的夜晚》是关于“尊重”的。

如此，我设计了人教版1～6年级各单元配套的整本书阅读书目。每个单元配一本书，一个主题实践活动。

**单元主题与读整本书、语文实践活动对照表**

| 年级 | 单元主题 | 整本书 | 语文实践活动 |
|---|---|---|---|
| 一年级上册 | 1. 入学教育 | 《小魔怪要上学》 | 拼音复习实践活动 |
| | 2. 汉语拼音 | 《猜猜我有多爱你》 | 拼音复习实践活动 |
| | 3. 识字一 | 《蚯蚓的日记》 | 介绍我的名字 |
| | 4. 课文一 | 《鳄鱼怕怕　牙医怕怕》 | 我们的画 |
| | 5. 识字二 | 《好饿的毛毛虫》 | 食品一条街 |
| | 6. 课文二 | 《儿歌大全》 | 童谣谷 |
| | 7. 课文三 | 《我爸爸》 | 巧嘴巴 |
| | 8. 课文四 | 《月亮，生日快乐》 | 我的童话世界 |
| 一年级下册 | 1. 多彩的春天 | 《遇见春天》 | 唱韵语，对对子 |
| | 2. 家庭生活 | 《看，这就是我的家人》 | 说说我的全家福 |
| | 3. 保护环境 | 《地球的呼吸》 | 我做校园美容师 |
| | 4. 快乐的夏天 | 《明天是什么天气？晴天？阴天？雨天？》 | 诗歌中的小动物 |
| | 5. 动脑筋想办法 | 《鸭子骑车记》 | 奇妙的形声字 |
| | 6. 我们的生活多么幸福 | 《我有友情要出租》 | 我最喜欢的地方 |
| | 7. 我们都有好品质 | 《雪人》 | 反义词乐园 |
| | 8. 我们身边的科学 | 《肚子里有个火车站》 | 介绍我的小发明 |
| 二年级上册 | 1. 美丽的秋天 | 《秋天的故事》 | 观秋天，画秋天，话秋天 |
| | 2. 丰富多彩的学校生活 | 《笨狼的学校生活》 | 我的新朋友——字典 |
| | 3. 热爱祖国 | 《爱祖国的棒孩子》 | 巧做识字卡 |
| | 4. 怎样看问题、想问题 | 《驴小弟变石头》《三只小猪的真实故事》 | 大家讲故事 |
| | 5. 友好相处、团结合作 | 《想吃苹果的鼠小弟》《荷花镇的早市》 | 我来说谚语 |
| | 6. 关爱他人 | 《我想要爱》《彩虹色的花》 | 教你一支歌 |
| | 7. 保护环境、爱护动物 | 《流浪狗之歌》 | 为班级树起名字 |
| | 8. 热爱科学 | 《一粒种子的旅行》 | 教你懂科学 |

(续表)

| 年级 | 单元主题 | 整本书 | 语文实践活动 |
|---|---|---|---|
| 二年级下册 | 1. 春天里的发现 | 《爱心树》《山里的春天》 | 春天的色彩 |
| | 2. 奉献与关爱 | 《我的爸爸叫焦尼》《你看起来好像很好吃》 | 身边的雷锋 |
| | 3. 爱祖国，爱家乡 | 《我的祖国》 | 讲讲我的照片 |
| | 4. 用心思考，勇于创造 | 《达芬奇想飞》 | 教你做一做 |
| | 5. 热爱自然，了解自然 | 《各种各样的家》 | 说节气 |
| | 6. 培养优秀的品质 | 《坚持到底不放弃》《勇气》 | 我要庆“六一” |
| | 7. 正确看待问题，善于思考 | 《安徒生童话》《有个性的羊》 | 我爱童话 |
| | 8. 走进科技的世界 | 《圆白菜小弟》《火车头》 | 身边科学我知道 |
| 三年级上册 | 1. 多彩的生活 | 《“双把儿铁锅”卡琦娅》 | 多彩的课余生活展示会 |
| | 2. 名人故事 | 《中外名人故事》 | 读名言，写名言 |
| | 3. 心中的秋天 | 《儿童的季节》 | 吟诗作画颂秋天 |
| | 4. 细心观察 | 《昆虫记》 | 睁大慧眼我发现 |
| | 5. 灿烂的中华文化 | 《中华典故故事》 | 中国传统文化知识竞赛 |
| | 6. 壮丽的祖国山河 | 《祖国各地最有代表性的名胜》 | 我们来做小导游 |
| | 7. 科学的思想方法 | 《小故事大道理》 | 诸葛亮座谈会 |
| | 8. 献出我们的爱 | 《时代广场的蟋蟀》 | 特殊的猜谜会 |
| 三年级下册 | 1. 感受大自然的美好 | 《柳林风声》 | 夸夸我的家乡美 |
| | 2. 爱护周围环境 | 《木偶的森林》 | 保护环境我有责 |
| | 3. 怎样看问题，怎样想问题 | 《科学家的故事》 | 成语故事会 |
| | 4. 丰富多彩的儿童生活 | 《小淘气尼古拉的故事》 | 教你学一招 |
| | 5. 可贵的亲情、友情 | 《亲爱的汉修先生》《青蛙和蟾蜍》 | 真情剧场 |
| | 6. 神奇的科技世界 | 《海底两万里》 | 我是小小发明家 |
| | 7. 国际理解和友好 | 《白求恩》 | 万国博览会 |
| | 8. 神话故事、传说 | 《中国神话》 | 神话传说故事会 |

（续表）

| 年级 | 单元主题 | 整本书 | 语文实践活动 |
|---|---|---|---|
| 四年级上册 | 1. 自然奇观 | 《神奇的自然景观》 | 自然奇观图片展 |
| | 2. 观察与发现 | 《大侦探小卡莱》 | 写观察日记 |
| | 3. 中外童话 | 《木偶奇遇记》 | 装饰童话小屋 |
| | 4. 作家笔下的动物 | 《混血豺王》《狼王梦》《狼》 | 成语擂台赛 |
| | 5. 我国的“世界遗产” | 《人一生要去的60个城市》 | 中国的“世界遗产”之旅 |
| | 6. 人间真情 | 《长袜子皮皮》 | 古诗词分类阅读 |
| | 7. 成长的故事 | 《名人传记》《窗边的小豆豆》 | 成长进步展示台 |
| | 8. 科技成就 | 《军事奇观》 | 我们的奇思妙想 |
| 四年级下册 | 1. 走遍千山万水 | 《人一生要去的60个地方》 | 名山秀水展示台 |
| | 2. 以诚待人 | 《大名人小故事》 | 以诚待人故事会 |
| | 3. 大自然的启示 | 《解读生命》《生物之链——自然环境与生态平衡》 | “大自然的启示”交流会 |
| | 4. 战争与和平 | 《小兵张嘎》 | “战争与和平”资料展 |
| | 5. 热爱生命 | 《热爱生命》 | “生命”主题赛诗会 |
| | 6. 田园生活 | 《草原上的小木屋》 | 走进田园谈体会 |
| | 7. 执着的追求 | 《虚掩的门》 | 名人传记读书交流会 |
| | 8. 故事长廊 | 《神话故事》 | 趣味语文 |
| 五年级上册 | 1. 我爱阅读 | “成长的书香”丛书 | 读书笔记展 |
| | 2. 月是故乡明 | 《城南旧事》 | 乡情歌颂会 |
| | 3. 学习说明性文章 | 《昆虫记》 | 小小推销员 |
| | 4. 生活的启示 | 《智慧锦囊》《少年小树之歌》 | 我的座右铭 |
| | 5. 遨游汉字王国 | 《图说汉字的故事》 | 有趣的汉字 |
| | 6. 父母之爱 | 《爱的教育》 | 爱的故事 |
| | 7. 不忘国耻、振兴中华 | 《红岩》 | “不忘国耻，振兴中华”演讲 |
| | 8. 走近毛泽东 | 《毛泽东诗词》 | 诗评 |

（续表）

| 年级 | 单元主题 | 整本书 | 语文实践活动 |
| --- | --- | --- | --- |
| 五年级下册 | 1. 走进西部 | 《中国自由行——中国西部》 | “走进西部”手抄报评比活动 |
| | 2. 永远的童年 | 《童年》《电话里的童话》《大盗贼》 | 诗词朗诵会 |
| | 3. 语言的艺术 | 《世说新语》 | 语林趣话 |
| | 4. 他们让我感动 | 《浪漫鼠德佩罗》《你是我的宝贝》 | 感动心灵的故事 |
| | 5. 中国古典名著之旅 | 《三国演义》 | 课本剧表演 |
| | 6. 走进信息世界 | 《森林报》 | 新闻点击 |
| | 7. 作家笔下的人 | 《特别的女生萨哈拉——一个孩子的特别成长经历》《草房子》《青铜葵花》 | 人物“迷宫” |
| | 8. 异域风情 | 《德国印象》 | 谈天说地 |
| 六年级上册 | 1. 感受自然 | 《感悟自然》 | 描绘美丽的四季 |
| | 2. 祖国在我心中 | 《钢铁是怎样炼成的》 | 赞美祖国 |
| | 3. 心灵之歌 | 《蓝色的海豚岛》《小王子》 | 爱自己的朋友 |
| | 4. 珍爱我们的家园 | 《寂静的春天》 | 我爱我家 |
| | 5. 初识鲁迅 | 《朝花夕拾》 | 我爱阅读 |
| | 6. 轻叩诗歌的大门 | 《诗经》 | 中华文化大家谈 |
| | 7. 人与动物 | 《神秘的导盲犬》《老象恩仇记》《第七条猎狗》 | 手抄报设计 |
| | 8. 艺术的魅力 | 《少年音乐和美术故事》 | 读书苦与乐（辩论会） |
| 六年级下册 | 1. 人生感悟 | 《老人与海》《毛毛》 | 新闻评论 |
| | 2. 民风民俗 | 《中国少数民族风情录》 | 特色家乡 |
| | 3. 深深的怀念 | 《马提与祖父》 | 成语中的世界 |
| | 4. 外国名篇名著 | 《汤姆·索亚历险记》 | 小记者在行动 |
| | 5. 科学精神 | 《细胞生命的礼赞》《生命的密码》 | 我的小发明 |
| | 6. 难忘小学生活 | 《我要做好孩子》 | 珍藏五彩的小学生活 |

## 三、读研发的书

王林博士说："每一本书都不是最完整的知识载体，而且在教学过程中，多元知识与技能、过程与方法、情感态度与价值观等多方面的教育功能，都是由教师自主来把握和处理的。"所以，当阅读资源缺乏时，我们可以大胆地到课外阅读中去涉猎、重组教学资源。

如人教版四年级下册第一单元的主题是"走遍千山万水"。因为文本内容优美，学生读完觉得不过瘾，于是，我决定自己开发教学资源。我一边引导学生阅读，一边把搜集到的资料整理成一本书，叫《山水诗海》。如此操作，一年级有《春之韵》，二年级有《夏之恋》，三年级有《秋之实》，四年级除《山水诗海》外还有《冬之情》，五年级有《田园之约》，六年级有《诗海拾贝》，都深受学生喜爱。

## 四、读单元习作书

单元习作是语文教学的一大难题。而阅读与单元习作有关的书，能使学生更好地领悟文章的写作特点，从而选材立意，布局谋篇，进行仿写练习。

如人教版五年级下册第七单元的习作是写一个特点鲜明的人。我推荐学生阅读《俗世奇人》一书，学生读了后，掌握了很多写人的方法，学生的作文有的一波三折，曲折动人；有的选材精当，借小事表现人物的大本领、大智慧；有的语言朴素，活泼幽默，极富表现力……

遇到"动物"主题，可读《狼王梦》《猎狐》《残狼灰满》《动物绝对不应该穿衣服》；遇到"生活"主题，可读《窗边的小豆豆》《我是女生，我叫巴黎》；遇到"母爱"主题，可读《爱心树》《我妈妈》《我讨厌妈妈》；遇到"成长"主题，可读《逃家小兔》《活了100万次的猫》《我们永远在一起》；等等。这些都是习作的辅助素材。

对这些书的阅读，有些可以安排在学习课文之前，有些可以安排在学习课文过程中，有些可以作为主题延伸。只要灵活搭配，精心指导，就能对教学起到有效的辅助作用。

# 第二节　整本书阅读的方法

主题式整本书阅读包括阅读指导课和阅读交流课两种课型。

## 一、阅读指导课

在阅读指导课上，主要教给学生阅读方法与技巧，把学生领进阅读的殿堂。基本环节：整体感知，全面了解；深入赏析，掌握方法；生活链接，深化认识；拓展阅读，读“厚”人物。

以《夏洛的网》为例，我进行了阅读指导课和阅读交流课。

### 《夏洛的网》阅读指导课

【阅读书目】

美国名作家 E. B. 怀特的《夏洛的网》。

【教学目标】

1. 回顾故事内容，赏析精彩片段。

2. 通过畅谈人物形象和故事片段，探讨友谊及人生价值等。

3. 通过交流，初步感知一些读书的方法。

【教学过程】

一、整体感知，全面了解

1. 整体感知

师：拿到一本书后，如何快速了解它的内容呢?

读封面、读目录、读前言和后记、读封底。

2. 各部分的作用

(1) 读封面

常言道：看书看皮，看报看题。读书要先看书的封面，封面是书的眼睛。

板书：读封面。

出示封面：从封面中你了解到哪些信息?

一是作者：美国名作家 E. B. 怀特；二是出版社：上海译文出版社；

三是这本书是童话经典；四是了解了这本书的内容：一个关于蜘蛛和小猪的故事；五是这本书大人和孩子都可以看。

高明的封面设计是书的内容的概括与延伸，让人一眼就爱上了它。让我们赶紧打开书看看吧。

（2）读目录

目录可以体现作者的思路，通过看目录可以了解所读之书的大概内容、整体框架及思路等。所以我们看书，还要学会看目录。

看看这本书的目录，再参照老师给你们出示的书的插图，说说这本书讲了什么故事。

（3）读前言和后记

许多书有前言和后记，通过前言和后记我们可以知道作者的写作意图或别人对作品的见解，可以进一步加深我们对这本书的整体印象。读封面、目录、前言和后记，是我们初次接触一本书时常用的一种略读方法。

（4）读书评

一本书出版后，很多读者会给予评价。如果让同学们针对《夏洛的网》写一篇书评，相信大家会给予"好看""感人"等评价。没错，这是一个妙趣横生的童话故事，这部作品一问世就受到了广大少年儿童的欢迎，傲居"美国最伟大的十部儿童文学名著"首位。《纽约时报书评》说，它几乎是一部完美的、不可思议的杰作。《星期六书评》说，这本书本身就像一张精美的蜘蛛网、一支美丽的幻想曲。

（5）读封底

书的封底往往有这个故事的主要内容介绍，我们读书时要关注这些信息。

另外，在阅读故事时，要分清故事中的人物。我们读一个故事，或者一篇小说，首先得知道讲了哪些人物，要理一理，记住这些人物的名字。这样，我们在读故事时就不会张冠李戴了。

二、深入赏析，掌握方法

1. 了解人物

师：《夏洛的网》这个故事中有哪些人物？我们来看看扉页上的人"物"表。（出示人"物"表）

约翰·阿拉布尔先生

阿拉布尔太太

艾弗里——阿拉布尔夫妇的儿子，十岁

**弗恩**——阿拉布尔夫妇的女儿，八岁

霍默·L. 朱克曼先生——弗恩的舅舅

伊迪丝·朱克曼太太——弗恩的舅妈

勒维——朱克曼夫妇的雇工

多里安医生

**威尔伯**——小猪

**夏洛**·阿·卡瓦蒂卡——蜘蛛

坦普尔顿——老鼠

弄清主要人物：弗恩、威尔伯、夏洛。人“物”表中加粗的就是主要人物。

2. 了解作者

师：这本书的作者是谁？美国的 E. B. 怀特。

作者介绍：E. B. 怀特是美国 20 世纪的幽默作家和评论家。作为一个地道的纽约人，怀特功成名就后，举家迁往一座乡间农场，过着恬静的田园生活。除了写有大量的散文、杂文等外，他还写过 3 部童话，除了我们读的《夏洛的网》，还有《精灵鼠小弟》《吹小号的天鹅》。

3. 问题引领，赏析人物

师：童话中有一段话：“威尔伯永远忘不了夏洛。它虽然热爱它的子女、孙子女、曾孙子女，可是这些新蜘蛛没有一只能取代夏洛的位置。”快速回忆并浏览一下，这段话在哪儿出现过？为什么威尔伯永远忘不了夏洛？

了解相关内容，并从中筛选信息，也是一种常用的略读方法。

师：当我们细细地去品味时，对“夏洛到底是一只怎样的蜘蛛，为什么威尔伯永远忘不了夏洛”会有更深的体会。找出令你感受深刻的片段，说说你的理解。同学们课前都做了读书笔记，通过目录找到相关的章节，然后浏览整章，应该可以很快找到相关的段落。

相机抓住某个片段做精读指导，让学生感悟第二种读书方法——精读。

出示相关片段，引导学生再回到故事中去，让学生读出情感、读出感受。

师：刚才我们已经在不经意中用到了默读与朗读相结合的方法。我们平时边读边做读书笔记其实也是一种精读的方法。

4. 共读故事，总结方法

师：接下来，我们共读故事内容，细细品味这张由爱、温暖、生命、友情编织而成的网。

粗读：读封面、目录、前言、后记、封底，浏览跳读，筛选信息。

精读：品读、朗诵（背诵）、默读、摘录、写体会。

三、生活链接，深化认识

师：将阅读与生活编织在一起，才能真正走进作者，读出自己，即共情生活。

师：你说像蜘蛛夏洛这样的人，是不是只活在童话世界里呢？你想当谁的夏洛呢？夏洛送给威尔伯的字，让威尔伯有了进一步要求自己的目标，努力做到“王牌”“了不起”“光彩照人”“谦卑”，也因此救了威尔伯的命。想想你的朋友，你想送他什么词？

师：拿出小卡片，画一张蜘蛛网，在上面写上你对朋友的期望与祝福，表达你对朋友的友谊与关爱。

师：谁来做我的夏洛？我又来做谁的夏洛呢？把问号留在心里，回去有时间再静静地读读这个故事，把你的感受写下来。

四、拓展阅读，读“厚”人物

师：感谢怀特为我们塑造了那么多可爱的动物形象，为我们讲述了一个这么有趣而美妙的故事，让我们在震撼和惊奇之余，灵魂得到一次净化。除《夏洛的网》外，怀特还写有2部童话名作——《精灵鼠小弟》《吹小号的天鹅》，相信这2本书也会给你我的生命带来很多启迪。

## 二、阅读交流课

阅读交流课旨在让学生展示分享，品尝阅读乐趣。基本环节：导入主题，回顾阅读内容；精彩分享，探讨故事内涵；拓展延伸，链接现实生活。

## 《夏洛的网》阅读交流课

【教学目标】

1. 通过交流，更深入地走近书中的人物，走进童年世界，感受作品的内在魅力，体悟作品中对生命、友谊的诠释。

2. 促进个性化阅读与合作性阅读的融合，有效提升阅读兴趣和阅读能力。

3. 抓住书中打动人的精彩细节进行赏析，理解作品的思想内涵，做一个充满爱心和勇于创新的人。

【教学过程】

一、导入主题，回顾阅读内容

师：同学们，这段时间我们共同读了一本书《夏洛的网》。这本书被誉为“20世纪读者最多、最受爱戴的童话”之一。今天我们就一起来聊聊这本书。

师：这本书讲的是一个故事。我们读一个故事，或者一篇小说，首先得知道讲了哪些人物，要理一理，记住这些人物的名字。这样，我们在读故事时就不会张冠李戴了。《夏洛的网》这个故事讲了哪些人物？我们来看看扉页上的人“物”表（出示人“物”表）

约翰·阿拉布尔先生

阿拉布尔太太

艾弗里——阿拉布尔夫妇的儿子，十岁

**弗恩**——阿拉布尔夫妇的女儿，八岁

霍默·L.朱克曼先生——弗恩的舅舅

伊迪丝·朱克曼太太——弗恩的舅妈

勒维——朱克曼夫妇的雇工

多里安医生

**威尔伯**——小猪

**夏洛**·阿·卡瓦蒂卡——蜘蛛

坦普尔顿——老鼠

师：你们有没有发现，在这张人“物”表上，有几个人物的名字是加粗的？哪几个？

生：弗恩、威尔伯、夏洛。

师：为什么要加粗呢？

生：他们是主要人物。

师：对。我们在阅读的时候，要注意这些细节。故事共有22章，假如你觉得这个故事好，要向好朋友介绍一下，你会怎么用最简洁的一句话来介绍？

生：一只蜘蛛和一只小猪的故事。

师：但如果我是你的朋友，还不满足，追问你蜘蛛和小猪之间发生了什么故事，你怎么说？

生：在谷仓里产生友谊。

师：这友谊到底是怎么回事呢？

生：蜘蛛夏洛用它的生命救了小猪威尔伯。

师：为什么要救威尔伯呢？

生：威尔伯的主人朱克曼先生要把它杀了，夏洛救了它。

师：夏洛是怎么救的呢，它又没法跟朱克曼先生说话？

生：它在网上织了文字，让朱克曼先生觉得威尔伯是个奇迹，就不杀它了。

教师板书：奇迹。

师：这些主要内容在哪儿有介绍？

生：书的后面。

师：书的封底就有这个故事的主要内容。书的主要内容往往在书的扉页或封底有介绍，我们读书时要关注这些信息。

师：这本书的作者是谁？如果你觉得故事写得好，你得记住作者的名字，这是对他劳动成果的尊重。

生：美国的E.B. 怀特。

师：E.B. 怀特是美国20世纪的幽默作家和评论家。作为一个地道的纽约人，怀特功成名就后，举家迁往一座乡间农场，过着恬静的田园生活。除了写有大量的散文、杂文等外，他还写过3部童话，除了我们读的《夏洛的网》，还有——（出示封面）

生：《精灵鼠小弟》《吹小号的天鹅》。

师：《夏洛的网》这个故事，要告诉我们什么呢？

生：威尔伯和夏洛之间的友情是可贵的。

教师板书：友情。

生：夏洛是有情有义的，它对威尔伯十分忠诚。

生：夏洛用自己的生命去救威尔伯，我读出了它们友情的可贵。

生：我觉得夏洛十分爱威尔伯。如果不是因为爱它，怎么会用自己的生命去救它呢？

生：威尔伯既是不幸的，又是幸运的。

师：为什么呢？

生：因为威尔伯是一只落脚猪，是要被杀掉的，从这方面说它是不幸的，但弗恩救了它，它又在谷仓里交了很多朋友，尤其是拥有了夏洛这样的朋友，从这方面说它又是幸运的。

生：我读出了诚信。夏洛这样忠实的朋友是很少见的。

师：刚才同学们谈到了自己的读书感受，非常好。接下来，让我们一起走进这个故事。

二、精彩分享，探讨故事内涵

出示场景图：弗恩拦着朱克曼。

师：这个画面说的是什么故事？

生：弗恩的爸爸要杀掉落脚猪威尔伯，弗恩觉得不公平，拦着爸爸不让他去，因为威尔伯也有生命，也懂感情，我们人不能去伤害它，而要做它的朋友。

师：那你知道什么样的猪被称为落脚猪吗？

生：就是没出息的猪。

师：刚生下来，怎么看得出有没有出息呢？

生：就是生下来很小很小的猪。

师：对，生下来特别瘦弱的猪叫落脚猪，照顾这样的猪很麻烦，弗恩的爸爸嫌麻烦，就想把它杀掉。这个时候弗恩据理力争，说了这样一句话：（课件出示）

“可是这不公平，”弗恩叫道，“小猪生下来小，它自己也没办法，对不对？要是我生下来的时候很小很小，你也把我给杀了吗？”

学生自由读。

师：你觉得弗恩说得有没有道理？

学生点头。教师指名学生做“弗恩”为“小猪”鸣不平。

师：每个生命都是上苍的恩赐，无论美丑好坏，不论贫富贵贱，在生命的天平上应该是等价的。只要你愿意，每个生命都可以美丽丰盈。

（一）弗恩救了落脚猪

师：弗恩救下了落脚猪，给它取了个名字叫——

生：威尔伯。

师：威尔伯在弗恩的照顾下一天天长大，后来到了朱克曼先生家的谷仓里生活。一天，老羊带来了一个坏消息，是什么？

生：圣诞节，朱克曼先生要把威尔伯杀了做熏肉火腿。

师：威尔伯吓得大哭。夏洛怎么救它呢？

生：夏洛在网上织了些字，彻底改变了威尔伯的命运。

师：织了哪些字？

生：王牌猪、了不起、光彩照人。

师：最后参赛的时候，还织了“谦卑”。你觉得威尔伯是不是可以配得上夏洛网上的文字？来做个调查，认为它配不上的同学请举手。

师：来说说理由，你为什么觉得配不上？

生：因为威尔伯怕死，当老羊告诉它坏消息的时候，它大哭大喊大叫。

师：在《坏消息》这一章里是怎么写的呢？我们来看一看：（课件出示）

“当然，杀猪人人帮忙。我是只老羊，一年又一年，这同样的事情看多了，都是老一套。那个阿拉布尔拿着他那支点二二口径步枪到这里，一枪……”

“别说了！”威尔伯尖叫，“我不要死！救救我，你们哪一位！救救我！”

……

“我没法安静，”威尔伯跑来跑去，尖叫着说，“我不要给一枪射死。我不要死。老羊说的是真的吗，夏洛？天冷了他们要杀我，这是真的吗？”

……

威尔伯哇哇大哭。“我不要死，”它呻吟说，“我要活，我要活在这舒服的肥料堆上，和我所有的朋友在一起。我要呼吸美丽的空气，躺在美丽的太阳底下。”

教师读老羊的话，学生接读威尔伯的话。

师：这些话让你感受到了什么？

生：一个坏消息就把威尔伯吓成这个样子，我觉得它很没用。

师：它那么急，那么慌，那么乱，怎么说是王牌猪呢？如果是王牌猪的话，它应该怎么样？

生：应该沉着冷静。

师：这么一说，我也觉得它配不上“王牌猪”这几个字。还有吗？

生：因为弗恩救它的时候，它是一只落脚猪。

师：你是觉得落脚猪和王牌猪之间的差距太大了，它不可能变得这么快，对吗？

学生点头。

生：它很贪吃。而且，它跟夏洛不一样。夏洛是靠自己的网去捕捉食物的，它很懒，是靠别人喂的。

师：是啊，这只猪和其他所有的猪一样，自己不干活，只等着主人喂食。我们说人特别懒的时候，就常说他是“懒猪”。

师：不知大家有没有关注这样一个情节，在《逃走》这一章里——

学生翻阅。

师：猪栏有一块木板松了，威尔伯顶开后跑到外面去玩，最后是怎么回来的呢？

生：是被食物引诱回来的。朱克曼先生拿食物来引它，一点一点地，把它引到了猪圈里，然后把木板钉牢。

师：那你认为在猪圈里生活好还是在猪圈外生活好？

生：在猪圈外，因为很自由。

师：威尔伯是怎么想的呢？（课件出示）

“如果这就是所谓的自由，”它心里说，“我想，我情愿被关在自己的猪栏里。”

师：读了这句话，你怎么想？

生：威尔伯觉得关在猪栏里，不用自己找食物就是享受舒服的生活，威尔伯太懒了。

师：吃啊，睡啊，吃啊，睡啊，什么自由，威尔伯不要，一桶泔水就能把它乖乖地引到圈里，我也不承认它是王牌猪。

（二）王牌猪的由来

师：那么它到底是不是王牌猪呢？刚才有学生说，这只猪长得不好，是只落脚猪。但它后来长得好不好？我请大家来看看参赛前牛奶浴之后的威尔伯。

生（齐）：它真是一只你见也没见过的最干净最漂亮的猪。它全身雪白，耳朵和鼻子粉红，毛像丝一样光滑。

师：这个样子用蜘蛛网上的文字说，那真叫——

生：光彩照人。

师：书中还有这样一段文字，是说它站在金色的阳光里的样子，大家一起来读一读——

生（齐）：威尔伯站在金色的阳光里，真是光彩照人。自从蜘蛛开始扶助它，它就尽力活得跟它的名声相衬。夏洛的网上说它是王牌猪，威尔伯就尽力让自己看上去是只王牌猪；夏洛的网上说它了不起，威尔伯就尽力让自己看上去了不起；现在网上说它光彩照人，它尽力使自己光彩照人。

师：如果说金色阳光里的威尔伯仅仅看上去是只王牌猪，看上去了不起、光彩照人的话，那么什么时候它成了一只真正的王牌猪呢？

生：在夏洛即将死的时候，为了让老鼠把蜘蛛的卵袋取下来，它甘愿把自己的食物让给老鼠先吃。

师：你能够注意到这个细节，我觉得很了不起。威尔伯原先面临死亡的消息时是——

生：哇哇大哭，惊慌失措。

师：这次，它面对好朋友夏洛的死亡的时候，是怎么样的？

生：非常镇定，会想办法了。

师：这是它的变化。还有吗？

（三）威尔伯知恩图报

生：我觉得威尔伯是一只懂得感恩的猪。在最后一天，它对夏洛说，它很愿意为夏洛献出生命，如果有机会的话，威尔伯也愿意为夏洛去死。

课件出示：

“我不会说话。我也不能像你一样说得那么好。不过你救了我，夏洛，我很高兴为你献出生命——我真心愿意。”

师：听到自己要死的消息时，威尔伯哇哇大哭，但它现在不怕死了。光说没用，再来看看，它是怎样对待夏洛的孩子的——

整个冬天，威尔伯一直盯住夏洛的卵袋看，像是护卫它自己的孩子……对威尔伯来说，它生活中再没有一样东西比得上这小圆球重要——不管是什么东西。它耐心地等待着冬天结束，这些小蜘蛛诞生。

……

威尔伯经常想到夏洛。它那个旧网的几根丝还挂在门口。每天威尔伯会站在那里，看着那张破了的空网，喉咙一阵哽塞。没有人有过这样一个朋友——那么深情，那么忠诚，那么有本事。

师：读了这些话，你想说什么？

生：威尔伯和夏洛一样深情，一样忠诚，它有情有义，知恩图报。

师：你觉得威尔伯为什么会有这么大的变化呢？

生：因为夏洛全力地扶助它，称赞它是王牌猪、了不起，它要尽力地做得跟网上的文字相符合。

师：说得好。这是网上文字的神奇之处，也让我们看到了赞美的力量和爱与温情的传递。

（四）夏洛的了不起

师：夏洛为什么要帮助威尔伯呢？它对威尔伯怎么说的？（课件出示）

“你为什么为我做这一切呢？”它问道，“我不配。我没有为你做过任何事情。”

“你一直是我的朋友，”夏洛回答说，“这件事本身就是一件了不起的事。我为你结网，因为我喜欢你。再说，生命到底是什么啊？我们出生，我们活上一阵子，我们死去。一只蜘蛛，一生只忙着捕捉和吃苍蝇是毫无意义的，通过帮助你，也许可以提升一点我生命的价值。谁都知道人活着该做一点有意义的事情。”

学生自由读后，男女生对读。

师：夏洛为什么要为威尔伯织网？

生：它想通过帮助威尔伯做一点有意义的事情。

师：在这段话中，夏洛提到了生命的价值。（板书：生命）它觉得生命的价值是什么？

生：做一点有意义的事情。

师：在这个故事中，有意义的事情指什么呢？

生：挽救威尔伯的生命。

师：为什么说挽救威尔伯的生命是有意义的事情呢？

生：因为很多蜘蛛做不到这样的事情，但夏洛做到了。

生：平常我们看到的蜘蛛只是为自己而捕捉苍蝇、蚊子，都是在为自己而活，但是夏洛帮助了威尔伯，在为别人而活。

师：如果说为别人而活就是有意义的事，那么把威尔伯杀了做成熏肉火腿，给人们提供美味的食品，也是一件有意义的事，何必要救它呢？我们来看这段话中说“这件事本身就是一件了不起的事”，为什么说是一件了不起的事呢？

生：一只蜘蛛能够挽救一只小猪的命，并能改变小猪的命运是一件了不起的事。

生：平常的蜘蛛只会织网，不会织文字。

师：对，这只蜘蛛会在网上织文字，创造了蜘蛛界的一个奇迹，而且，这些文字拥有神奇的力量，让威尔伯变成了光彩照人的猪。所以，它是一只“王牌蜘蛛”，是了不起的、光彩照人的“王牌蜘蛛”。

（五）威尔伯的了不起

师：再来看威尔伯，它的了不起又表现在哪里？

生：威尔伯原来是只落脚猪，怕死、懒惰，后来它愿意为夏洛去死，它忠诚地照顾夏洛的孩子。

师：谁也不会知道，那只落脚猪会长得那么好，会成为一只名副其实的王牌猪。所以我们说，蜘蛛和小猪在面对厄运的时候，都创造了生命的奇迹。所以，这的确是件了不起的事。

师：（出示图片：坦普尔顿鼠）故事中出现了一只老鼠，它叫坦普尔顿。在阅读过程中，你觉得它是一只怎样的老鼠？

生：我觉得它非常贪吃。威尔伯要去比赛的时候，夏洛要织网上的文字，需要坦普尔顿给它找字。它本来不想去的，但老羊说集市上有很多东西，它一听口水都流了下来，马上答应去了。

生：我也觉得它是贪吃的。它不想把蜘蛛的卵袋取下来，后来威尔伯说每次让它先吃的时候，它就愿意去取了。

生：我觉得坦普尔顿是一只非常自私的老鼠。它一点儿也不愿意为威尔伯做事，只有知道这件事对自己有好处的时候，它才会去做。

生：这是一只不讲道德，没有良心，无所顾忌，不想别人，毫不正派，没有啮齿动物的恻隐之心，没有内疚、没有高尚的感情、没有交情，什么也没有的一只老鼠。

师：这不是你说的，这是谷仓里的谁说的？

生：公鹅。

师：谷仓里的动物不喜欢它。同学们喜欢它吗？

学生都摇头。

师：可是，坦普尔顿不这么想。（课件出示）

“是谁一次次上垃圾场去？”它问道，“还用说，是老坦普尔顿！是谁用臭鹅蛋吓走阿拉布尔家那个男孩救了夏洛的命？我的天啊，我相信又是老坦普尔顿。今天上午你在观众面前昏过去，是谁咬你的尾巴让你重新站起来？是老坦普尔顿……”

师：你们刚才诉说了坦普尔顿鼠的种种坏，但坦普尔顿在那里说了自己的种种好，好在哪里呢？

生：它帮夏洛去垃圾场找一些字，用臭鹅蛋吓走阿拉布尔家那个男孩救了夏洛的命，在比赛的时候让昏过去的威尔伯醒过来，使它赢得了特别奖。

师：它说的是不是事实？

生：是。

师：它也在不知不觉中为别人做事，但为什么大伙儿都不喜欢它？

生：它在做这些事的时候，都是先想自己，都是有回报的。

师：有回报就做，没有回报就不做。那么，你处理一些事情的时候，会不会先想到自己？

生：是的。

生：有时候也是。

师：刚才同学们很坦诚。每个人的身上，多多少少都有坦普尔顿鼠的影子，老师也是。想着自己也是正常的。坦普尔顿为什么会被大家讨厌呢？关键是它只想着自己。想着自己的时候不想别人，想着自己的时候能想着别人，想着自己的时候更想着别人，这是不同的境界。想做什么样的人，你有选择的自由。

三、拓展延伸，链接现实生活

师：像夏洛这样的人，是不是只活在童话世界里呢？我请大家来看这样一个故事（播放《琴童》视频剪辑）

画外音：

有着“东方明珠”和“浪漫之都”美誉的大连，演绎着许多传奇故事。2005 年 8 月，炎热的海滨夏日，每到周末，人们总能看到一个小男孩在街头拉小提琴。人们很快发现，孩子身后有这样一封求助信：“我叫宋徽中，是大连市沙河口区兴文小学六年级（2）班的学生。2005 年 6 月，我们班的迟云龙同学突然得了再生障碍性贫血……我是他的同学，我想帮他活命。我今年 12 岁，我只会拉小提琴，请看在迟云龙生命垂危的面子上，帮帮他吧！”

8 月，骄阳似火的 8 月。正午的太阳异常炽热，小徽中坚持一曲接着一曲地演奏。旁边小店里的人看太阳太大，劝他休息一下，他一声不吭，继续拉。此时此刻，小徽中想到的是迟云龙那张灰色浮肿的脸，还有那无助的目光，他痛苦万分，把所有的情感都融入琴声中。孩子动听的琴声和诚挚的爱心感染了不少围观群众，他们纷纷解囊，上前捐款。

在小徽中的感召下，迟云龙收到了来自社会各界 10 多万元的捐款。已经无处筹钱被迫放弃治疗在家的迟云龙再次住进了医院。在医生的精心治疗下，迟云龙的病情得到了有效的控制，身体也逐渐康复。2005 年 9 月，迟云龙又回到了校园。

师：感动之后是思考。这是中央电视台《讲述》栏目播出的《琴童》视频剪辑。在这个故事中，有夏洛吗？他是谁？

生：就是在街头拉小提琴的男孩。

师：他叫宋徽中。他有什么本事？他的网在哪里？

生：他拉小提琴为迟云龙同学筹钱看病。

师：动人的琴声就是他的网，他的网上有文字吗？如果有，你觉得会是什么字？

生：请社会上更多的人来关心患重病的同学。

生：帮帮迟云龙吧。

生：救救他吧。

师：这网，不仅织给行人看，也织给迟云龙看。宋徽中在求助信里说他是迟云龙的同学，他要帮迟云龙——（学生接：活命）这网，更要唤起迟云龙的生命热情——“活下去”。

师：非常遗憾的是，在这20多分钟的讲述中，并没有迟云龙的讲述。你觉得迟云龙该怎么想、怎么做才配得上做宋徽中的“威尔伯”？

生：迟云龙一定要让自己变得快乐，坦然面对现实，与病魔做斗争，让自己的病赶快好起来。

师：那就是勇敢地活下去。我们也期待着他们能够创造出生命的奇迹。

师：谁来做我的夏洛？我又来做谁的夏洛呢？把问号留在心里，有时间再静静地读读这个故事，如果有话要说，就写下来吧。

当然，阅读交流课的基本环节并不是固定不变的，教师可以根据书的内容、教学需要等自行设计。

## 《蓝鲸的眼睛》阅读交流课

【教学目标】

1. 交流阅读感受，加深对作品的理解。

2. 在阅读中积累，在阅读中感悟。

3. 抓住书中打动人心的精彩细节，采用不同方式演绎出来，激发心中无尽的爱与温情。

【教学准备】

跟学生共读《蓝鲸的眼睛》这本童话集，然后全班交流。这是深度阅读的基础。

【教学过程】

一、整体感知，了解爱

师：同学们，《蓝鲸的眼睛》这本书都读完了吧？这本童话集中共包含了几个童话故事？

生：共包含了8个童话故事。

师：从故事的篇幅来看，哪个故事最长？

生：《蓝鲸的眼睛》这个故事最长，它体现了爱是永恒的主题。

师：今天，我们结合导读题来深入阅读《蓝鲸的眼睛》这个故事。

二、回忆故事，感受爱

师：哪位同学愿意介绍一下这个故事的大意呢？

蓝鲸是大海中不容冒犯的（神灵），它最珍爱（自己的眼睛），因为大海的（灵魂）就在它的（眼睛）里。一个（勇敢而又冒失）的年轻人，为了让一个（眼睛正在渐渐失明的）的女孩能（重见光明），用（钩矛）将蓝鲸的（一只眼珠钩了出来）。蓝鲸失去了一只（比生命更宝贵的眼睛），它满心的（惊愕）（痛苦）（愤怒）和（绝望）。于是，它开始疯狂地（报复）。小女孩得到了（那只眼睛），她的眼睛（一下子亮了起来）。可当女孩知道那是（蓝鲸宝贵的眼睛时），她选择了（放弃好不容易得到的光明，把眼睛还给蓝鲸）。而少年为了（不让渔民们受到报复），独自一人乘船出海，他以自己的（鲜血）以及（生命），（洗净被污浊的鲸眼）。最后，蓝鲸的灵魂（升到了天上），它将（美好的眼睛）留给了（女孩），而那个年轻人却（永远也回不来了）。

三、深入阅读，感悟爱

师：《蓝鲸的眼睛》是一本童话集，但作者选了其中一个童话故事《蓝鲸的眼睛》为书名，你认为作者这样做的原因是什么？

生：这个故事最能表达作者想要突出的主题。

生：我认为作者这样做的原因是希望读者读了这本童话集后也能像《蓝鲸的眼睛》故事中的蓝鲸的眼睛那样洗去心灵的阴霾，获得精神的洗礼。

生：我认为《蓝鲸的眼睛》之所以成为一本童话集的题目，是因为这个故事所宣讲的主题是“爱”，无论是年轻人对女孩的小爱，还是爷爷对渔民们的大爱，还是女孩对蓝鲸无私的爱，都是人最原始的情感。这样的爱，难道不是永恒的吗？难道不应该被作为一本童话集的主旨吗？

师：爱，是童话故事永恒的主题。

师：对于蓝鲸来说，什么比生命更宝贵？

生：蓝鲸的眼睛更宝贵，代表蓝鲸的灵魂。

生：没了灵魂，虽然身体活着，但心已经死了。

师：说得真好！

师：在渔民的心中，蓝鲸不是动物，是什么？它来到大海里的目的是什么？我们来到这个世界的目的是什么？你将如何修炼自己？

生：蓝鲸是大海中的龙，是大海的灵魂，它是渔民们的神。

生：在渔民的心中，蓝鲸不是动物，而是神，天上的神。它来大海里是来修炼的，它的修炼就是洗眼睛。

师：洗眼睛的目的是什么呢？

生：用眼睛清洗世间的污浊。

生：洗去污浊的心灵。

生：眼睛是心灵的窗户，眼睛纯净了，灵魂也就纯净了。

师：那么联想到自己，我们来到这个世界的目的是什么？

生：经历世事后，不断提升自己的修养，使自己的心灵更美。

生：我们来到这个世界的目的就是要好好生活。

生：做好事，做善事，给别人树立榜样，让别人不好意思做污浊的事情。

生：我们来到这个世界的目的是用自己的心灵感知世界的美好，享受生活的乐趣。我将始终保持积极乐观的心态，树立终身学习的观念，多读书，丰盈自己的内心，使自己享受生活的美好，让他人因自己的存在而更幸福。

生：我们来到这个世界的目的也要像蓝鲸一样，去净化自己的心灵，让自己的灵魂得到升华。我会让自己善良、纯净起来，吸收美好的东西，忘记丑陋的东西，不断地学习、不断地丰富自己，得到美的升华。

生：让他人因自己的存在而更幸福。

师：你将如何修炼自己呢？

生：“学习是一场修炼！”人只有通过不断学习才能获得知识，充实自己。

生：“知识改变命运”，学习可以使自己更快地成长，拥有给别人爱的能力。学习可以让我们的生活充满挑战，让生命更加充实和多彩！

师：女孩的眼睛和蓝鲸的眼睛有什么关系？或者换个说法，女孩和蓝鲸有哪些相似之处？

生：女孩的眼睛因为蓝鲸的眼睛而更明亮。

生：女孩的眼睛和蓝鲸的眼睛一样美丽，女孩和蓝鲸都渴望光明，都拥有纯净的灵魂。

师：女孩是个怎样的人？

生：女孩知道失去眼睛的痛苦，她不想蓝鲸失去眼睛，不想让蓝鲸像她这样因看不见而痛苦，可见她是个充满爱的人。

生：女孩的眼睛患病，慢慢看不到东西了，而蓝鲸的眼睛最清澈，如果拥有了蓝鲸的眼睛，女孩就能得到光明。但前提是蓝鲸的眼睛必须是活的，那就意味着蓝鲸将痛苦地失去自己的眼睛。女孩是个纯真、善良的孩子，她每天坐在海边，等待蓝鲸，希望有机会能将眼睛还给蓝鲸。即使自己失明，女孩也不愿意"私吞"蓝鲸的眼睛，这是何等高尚的品行？女孩还是个坚强、勇敢的孩子，即使眼睛渐渐看不见了，她也没有放弃对生活的向往。

师：蓝鲸生活在大海里，女孩的心中也有一片海，文中有几处描写了女孩心中的海？为什么这样描写？

生：第一处是说，"女孩虔诚地望着黑茫茫的大海"。她的眼睛快看不见了，一切都将是黑茫茫的，她的内心很恐惧，所以她觉得大海是黑茫茫的一片。

生：第二处是当蓝鲸失去眼睛时，女孩看到"大海更黑了"。前面提到过，蓝鲸觉得自己的眼睛比自己的生命更重要，它要用眼睛去发现美好的事物。这样美好的东西失去后，蓝鲸对自己、对周围的一切失去了信心，内心很恐惧。而且，年轻人做的这件事情行为很恶劣，所以大海更黑了。

生：第三处是当女孩拿到蓝鲸的眼睛时，"一片平静的大海，拂着温柔的波浪，波浪上躺着一个蓝色的月亮，慢慢摇，轻轻晃……"这是女孩心灵深处的大海。女孩抱住蓝鲸的眼睛之后，自己的眼睛一下子亮了，"所能看到的一切，全是清晰的，就仿佛让这水晶球的蓝光洗过一般"。从这句话可以看出蓝鲸的善良，它的眼睛能给别人带来美好的东西。就像前面说的眼睛能洗去污浊的东西，留下美好的东西，所以女孩看到了平静的大海。

……

四、链接生活，升华爱

师：当蓝鲸的眼睛被年轻人刺中的时候，它的心头涌上了惊愕、痛苦、愤怒和绝望。它惊愕的是什么？痛苦的是什么？愤怒的是什么？绝望的又是什么？你在生活中有过这样的经历吗？

生：它惊愕于自己迷恋、追寻的蓝光居然为自己带来了危险；痛苦于钩矛带给身体的痛苦以及失去最心爱的眼睛的痛苦；愤怒于人类对自己的伤害；绝望于失去了一只比生命更宝贵的眼睛。

生：它惊愕的是人类竟会伤害它；痛苦的是眼睛被无情夺取，身体、心灵同时遭受伤痛；愤怒的是年轻人残忍伤害它的手段；绝望的是它失去了比生命还宝贵的眼睛。

师：年轻人最后为什么会选择死去？

生：他认为自己关心女孩的使命完成了，要为自己伤害蓝鲸付出代价。

生：为了爱而去伤害，最后又为了爱而去赎罪。

师：所以事物往往具有两面性。如老师及家长对你们的爱，我们总是想尽办法给你们创造更好的条件，让你们更好地生活、学习，但是往往忽略了你们对生活本身的热爱和追求。我们对你们爱得越多，让你们失去的也越多。又如过多的补课，让你们获得知识的同时，也让你们失去了快乐和自由。

师：你还喜欢这本书中的哪个童话？它的哪一点打动了你？

生：我喜欢这本书中的《九叶草》。它对孤独的野牛的描写打动了我。它是孤独的，遇上母牛以后变得温情脉脉。为了母牛而舍弃了自由，努力奋斗，不畏牺牲。当发现自己被人利用之后，不顾一切带着母牛逃离火坑。他的真情打动了机械母牛，两头牛最终死在一处，断落的野牛角里滋生出九叶草，这是一种悲壮的情怀。

生：阅读《狮子和苹果树》这个童话故事，在读第一遍时，我没有特别的感想。读第二遍时，我感到这两只狮子更像生活中的夫妻，妻子对丈夫的追随、唠叨，引起丈夫的反感。人总是在失去的时候才会珍惜，好在为时不晚，还来得及时回头寻找真爱。读第三遍时，我感到这两只狮子更像父母和孩子的关系，孩子渴望父母陪伴。

师：人性是复杂的，正是因为复杂，所以真实。所以，作者是在借故事写我们的生活，借故事反思现实生活中的自己。而我们阅读与学习，就是为了能够从故事中得到启迪，从而更好地去生活。

五、升华主题

师：你觉得题目中的蓝鲸的眼睛仅仅是一双眼睛吗？是啊，蓝鲸的眼睛象征着一种精神，象征着人世间最美好的品质——真诚、勇敢、坚强、善良、执着、无私的奉献，它有一个名字，那就是"爱"。

师：我们说，一部好的文学作品一定是能震撼人心的，它能引发我们的思考，带给我们启示。大家读了《蓝鲸的眼睛》这本书，有什么收获或启示？

生：它使我们懂得了爱的力量，以及无私奉献的伟大。

师：同学们，你们喜欢冰波叔叔写的故事吗？他的作品美好、纯净，具有丰富的想象力。你们想继续了解冰波叔叔的作品吗？请阅读《窗下的树皮小屋》和《毒蜘蛛之死》。

## 《星星鱼》阅读交流课

一、内容回顾

师：整本书阅读怎么开展？一位特级教师说，读一本书要经历三个阶段。

第一个阶段是"连滚带爬地读"。连滚带爬有两层含义：一是读得开心；二是不必苛求字字落实、句句较真，借用陶渊明的话，那就是"好读书，不求甚解"。所以整本书共读的第一步就是"连滚带爬地读"。此时不用给学生导读。

第二个阶段是"绞尽脑汁地想"。如果是泛读，连滚带爬当然足够了；但若要让一本书进入我们的精神世界，那就需要深度思考。没有思考的阅读，其效益是值得怀疑的。这时需要第一次导读推进。这次导读推进只需要引导学生思考或让学生在书上圈画批注就可以。

第三个阶段是“挖空心思地用”。“处处扣着写作来阅读是很累的”，对于泛读而言，确实如此；但若是精读，将阅读转化为自己的表达资源，“读以致用”则是非常重要的。“用”可以反作用于“读”，这样阅读才可能进一步走向深入。

第一次导读推进的导读题（梳理情节）：

1. 樱桃湖里的鲫鱼家族是一个怎样的庞大家族？他们是怎样生活的？

2. 在遇到那阵风之前，小鱼和姐姐是怎样议论风的？

3. 第一次见面时，风说了什么？做了什么？

4. 那群小鱼为什么崇拜想想？他们有什么愿望？他们的愿望能实现吗？

5. 第二次见面时，风说了什么？想想说了什么？想想为什么会语无伦次？

6. 第三次见面时，想想提出了什么要求？

7. 第四次见面时，风希望想想为他做什么？

8. 第五次见面时，风给想想讲了一个什么故事？

9. 第六次在雨中见面时，想想希望跟着风一起走，风答应了吗？风的故事讲到哪里了？

10. 想想和白色小鸟是怎么成为朋友的？白色小鸟是怎样帮助想想的？

11. 过了好久好久，想想终于见到了风，第七次见面时想想为什么哭了？风为什么也哭了？

12. 姐姐为什么给风起名为后来呢？

13. 想想和小鱼们被捕上岸后，是怎么逃脱的呢？

14. 风讲的故事中的三颗星星彼此见不到，为什么却很快乐？

15. 想想和风还有其他星星为什么都变得快乐起来？

第二次导读推进的导读题（交流讨论，深入文本）：

师：风和想想总共相遇了几次？

生：九次。第一次：让我来推你。第二次：刚好你在呀。第三次：我说给你听。第四次：给我取个名。第五次：两颗星星。第六次：三颗星星。第七次：你愿意叫后来吗？第八次：那三颗星星后来怎么样了？第九次：快乐的星星。

生：十次。第一次：让我来推你。第二次：刚好你在呀。第三次：我说给你听。第四次，你说，我听。第五次，想想，你给我取名字了吗？第六次，我能跟你一起走吗？第七次，天上有三颗星星。第八次，你愿意叫后来吗？第九次，后来，我在这里。第十次，他们都想见你，后来。

师：从风的角度考虑，十次相遇如下：让我来推你。刚好你在呀。我说，你听。给我取名字。给你讲个故事。没想到你会来。又多了一颗星。有了名字叫后来。不合格的朋友。他们永远都在。

师：从想想的角度考虑，十次相遇如下：是你在推我吗？你从哪里来？你说，我听。你叫什么名字？没有取好名字。你能把那个故事讲完吗？有三颗星星了。你愿意叫后来吗？只听到彼此也可以成为朋友。他们都想见你。

师：想想喜欢风的原因是什么？

生：想想如此喜欢风，原因有以下几点：(1) 风很神秘，来无影，去无踪，想想看不到风，却可以感觉到它；(2) 第一次和风在一起玩耍，很开心，因为风带想想看到了很多从未见到过的景象；(3) 风让想想的生活有了期待，想想每天都会去等风；(4) 风给想想讲故事，这些故事让想想明白了很多道理；(5) 风和想想会在对方寂寞和委屈时互相安慰。

生：想想喜欢风，是因为和风在一起很快乐。比如，第一次相遇时，风推着想想在水里快乐地游玩。想想喜欢风，是因为对风很好奇。比如，第二次相遇时，她急切地问："今天你要到哪里去？对了，你从哪里来？"想想喜欢风，是因为风能给她带来期盼。比如，那个每次都只能讲一点儿的故事。想想喜欢风，更是因为风和她心灵的共鸣。风愿意给她讲故事，她也愿意听风讲故事。比如，第三次相遇时，想想对风说："你说，我听！"

师：姐姐在想想的生命中充当什么角色？

生：姐姐在想想的生命中充当监护人的角色，她像父母一样照顾想想的生活，教给想想在水中生存的方法。

生：姐姐在想想的生命中充当的是支持者的角色。当想想提出"风从哪里来""想见风"等稀奇古怪的问题和想法时，姐姐坦诚地告诉想想她不知道答案，但也没有阻止想想自己去寻找答案。想想受伤时，姐姐会给想想擦药，但不会控制或限制想想按照自己的想法去行动。当想想被其他鱼儿追捧而感到焦虑时，姐姐鼓励想想说实话。当想想被其他鱼儿误解时，姐姐始终相信想想，和想想站在一起。

生：姐姐精心地照顾着想想，带着想想一起参与寻找食物的活动、学习生存的技能。最可贵的是，当想想犯了不可饶恕的错误时，姐姐勇敢地站出来承担责任，并积极地想办法弥补。

生：我认为姐姐是朋友式父母的代表，他们知识丰富，不仅懂得月晕午时风，还会给风取名字。他们对孩子采取的是鼓励、支持的教育方式，孩子的身心由此得以自由发展。

生：我觉得姐姐就是想想的精神导师，是想想成长道路上的指导者。有了姐姐，想想的生活会更安逸，想想成长得会更快。但是如果没有姐姐，想想也许会长成她自己的样子。就像是一块田地，有了姐姐，这块田地上会长满丰收的玉米，没有杂草，整整齐齐；没有姐姐，这块田地上也许长出的不仅有玉米，还有杂草、小花……一定很丰富。我喜欢独特的、更丰富的土地，但这往往不是人们所希望的。

师：想想是一条怎样的小鲫鱼？

生：想想是一条内心世界丰富的小鲫鱼。在她的身上，有着我们很多人的影子。她孤独，所以渴望有朋友相伴；她脆弱，所以渴望有人能帮助她获得超凡的力量；她单纯，所以毫不怀疑后来所说的一切；她幸运，总是在关键时刻，有人对她出手相助。想想虽然只是一条平凡的小鱼，但她很快乐。她的眼界开阔，能跳出族群向外面的世界学习；她的耐心更是非凡的，从等待后来的过程中可见一斑；她待人非常真诚，这样的她，当然令人喜欢，大家也愿意和她成为朋友。

师：后来是一阵怎样的风？我们来分析一下后来这个人物形象。

生：自由潇洒、见闻丰富、真诚温柔。

生：后来是一阵热情、言而有信的风。

生：充满热情、开朗大气、见多识广、言而有信。

生：后来是一阵无法自主决定命运的风，因为它不能决定自己的方向，也无法决定在一个地方待多久，它是快乐的，也是自由的。它见识广博，愿意和别人成为朋友。

生：自由自在、见多识广。

师：这是一个纯净、柔美、充满真情的故事，想想与姐姐之间、想想与后来之间、想想与白色小鸟之间各是怎样的感情？

生：想想与姐姐之间是亲情，是手足之情；想想与后来是知己，互相想念，彼此关心；想想与白色小鸟是要好的朋友，可以交谈，可以理解，可以在危难之际伸出援手。

生：想想与姐姐之间，更多的是亲人之间的关爱、照顾和保护，是亲情；想想和后来，更像是远方的知己好友，即使不常见面，但是彼此牵挂，是友情；想想和白色小鸟之间，我觉得白色小鸟更像是想想生命中的“贵人”，因为白色小鸟在想想两次遇到危险时都及时出现，成功地帮助想想脱险，是那种在关键时刻拉彼此一把的朋友。

生：想想与姐姐之间是纯真的亲情，在想想没有朋友的时候，一直是姐姐陪在她身边，照顾她，安慰她。

生：想想与后来之间是最纯洁的友谊，已经超乎了物种之间的界限，让我们不禁惊讶，一条小鱼竟然能和风做好朋友，尽管不是天天见面，但感情日益加深，同时也让我们看到了真正的朋友的意义。

生：想想和白色小鸟是患难兄弟，白色小鸟救过想想两次，一次是在想想被一群虾欺负时，还有一次是在想想被人类抓起来时，小鸟帮助想想脱离了困境。也正因为如此，想想和白色小鸟成了非常要好的朋友。

师：风故事里的三颗星星排成一行，互相见不到，但是他们永远彼此关心，快乐地生活在一起。谁是你生命中的星星？你又是谁生命中的星星？

生：我觉得我是妈妈生命中的星星。妈妈有什么快乐的、难过的事情，都会和我说。我觉得这是对我的信任。遇到问题时，我总是开导她、安慰她，我愿意替妈妈分担，愿意成为她生命中可依靠的那颗星星。

生：我愿意成为同学的星星，我愿意像大姐姐一样学着去理解、倾听、信任同学，和他们成为好朋友。我愿意真诚地去帮助他们、理解他们、信任他们、尊重他们。

生：在家，爸爸妈妈教给我坚强、博爱、乐观；上幼儿园时，老师教给我真诚、朴实；上小学时，老师的鼓励让我奋发向上，同学的帮助给我力量。这些人都是我生命中的星星，照亮着我。

师：作者余雷想通过这个故事告诉我们什么？读完一本书或读完一遍课文一定要这样问问自己，一千个读者就有一千个哈姆雷特。

生：我认为作者想通过这个故事告诉我们交朋友的重要性、与人交往的重要性。在当今社会，电子产品的广泛运用使太多的人天天宅在家里，现实中与人的交往变得越来越少，人变得越来越孤独。而走出家门，广交朋友，可以赶走孤独，在与人相处的过程中，在助人与被助的过程中，收获幸福快乐的人生。

生：作者想告诉我们要永远将亲情铭记在心。如文中的姐姐，既是想想的姐姐，也是想想的朋友，她和想想在相互陪伴中快乐生活，共同成长。

生：人活在这个世界上是需要朋友的，互相帮助、真诚相待是朋友之间相处的基本原则。

生：有心灵相通的朋友很重要，惺惺相惜，互相鼓励，并不在于是否天天在一起，“海内存知己，天涯若比邻”！

生：我感觉作者想通过这个美好的故事告诉我们，只要怀着一颗真诚的心与人相处，别人也会以真诚的心对待你，这样才会获得真正的友谊。另外，作品中关于美好环境的描写，让人感到温馨、恬静、柔美，读这样的作品，能净化人的心灵，陶冶人的情操。

生：这个故事，我很喜欢！这本书告诉我们，真正的朋友并不一定是天天待在一起的，真正的朋友即使彼此很少见面，但依然心系对方、彼此牵挂。

生：我们要心存希望，要对美好的事物心向往之，要与人为善，要勇敢面对生活中的挫折，要保持美好、善良、诚实、勇敢等品质。即使好朋友不在身边，也要彼此想念，互相关心。

生：故事中的小鲫鱼带给我很大的启发。首先，她真诚、勇敢、不安于现状。试想一下，倘若这条小鲫鱼像别的小鱼一样，每天在水中游来游去，但对水中波浪的变化、岸上的花草树木毫不在意，那她恐怕永远不会和风有第一次美好的相遇，更不会有后面那么多精彩的故事了。再试想一下，如果小鲫鱼被抓后因为担心自己跳出盆子会在岸上干死而不勇敢尝试，恐怕小鲫鱼早已成为盘中美味了。这样一条看似不起眼的小鱼，却有着细腻、坚强的内心，这让我颇有感触。鱼尚且要和风、小鸟成为好友，人又有何理由安于现状呢？

师：这些导读题是给你们高年级孩子的，对低年级孩子来说，则有点难。所以我重新设计了一份。

导读题（低年级版）：

1. 请你简单叙述《星星鱼》的故事内容。

2. 想想和风共见了几次面？

3. 想想为什么这么喜欢风？

4. 想想希望风为她做些什么？

5. 想想每天等待风的到来，风是不是也喜欢见到想想？

6. 风为什么也喜欢见到想想？

7. 想想是一条怎样的小鲫鱼？你喜欢她吗？

8. 后来是一阵怎样的风？如果你遇到后来，也会天天期待见到他吗？为什么？

9. 姐姐在想想的生命中充当什么角色？你喜欢姐姐吗？为什么？

10. 三颗星星彼此见不到，为什么却很开心？

11. 想想和后来还有其他星星为什么都变得快乐起来？

12. 星星代表着生命中互相思念、牵挂的人，谁是你生命中的星星？你又是谁生命中的星星？

二、主题探讨

主题探讨在两次导读推进结束后进行，是整本书阅读的最后一个步骤。

（一）歌曲引入

在共读《星星鱼》的时候引导学生听一听牛奶咖啡的歌曲《星星》。

（二）根据歌曲改编诗歌

星星鱼

你是天上的一阵风
我是湖里的一条鱼
我们在湖面上相遇
相遇诗中奇迹

你总是来去匆匆
而我却每天为你守候
请为我多留一会
我想听你讲讲星星故事
我想请你带着
我和鱼儿们去湖的那头
欣赏更美的风景
茫茫夜空里
听见心跳的声音
虽然相隔万里
渴望的眼睛
寻找着彼此的轨迹
请在我的梦里
留下你的脚印
同样的不安
同样的期待
全都是友谊的足迹
……

（三）玩转故事

樱桃湖里的一条小鱼想想在湖面上遇到了________，他们成了一对好朋友，可是风________，想想每天________，希望________。

想想和小鱼们听完后来讲的故事，都希望做一条________，即使不能见面，也能彼此关心，快乐地生活在一起。

如果是在中高年级教学，此环节，可以直接让学生叙述故事内容，培养其说话能力和概括能力。

（四）走近作者

《星星鱼》的作者是余雷，她还有其他童话作品。

笨精灵冒险系列：《笨精灵的冒险之旅》《老师是个笨精灵》《失忆精灵》。

童话集：《跳跳鱼的鞋》《风的名字叫后来》《大笨猪和小笨猪》。

（五）故事大挪移

把目录打乱，让学生按顺序排列，看哪个小组排序最快。目的是测试学生有没有掌握书的内容。

（六）猜猜他（她）是谁

1. 他想和想想做朋友。

他还想给想想讲路上的故事。

他想带着想想离开这里。

2. 她是一条小鱼。

她和想想一起被渔夫救上了岸。

她曾经欺负想想，嘲笑想想是撒谎精。

后来她希望自己成为星星鱼。

3. 她是一条鲫鱼。

她喜欢听想想讲风的故事。

她经常安慰想想。

她是想想的亲人，经常照顾想想。

（七）玩转故事，梳理情节

想想和风共见了几次面？

想想为什么喜欢见到风？

想想希望风为她做点什么？

风为什么也喜欢见到想想？

姐姐为什么给风起名叫后来？

白色小鸟是怎样帮助想想的？

想想和小鱼们被捕上岸，是怎样逃脱的？

这些问题导读题中有，课堂上可以继续拿出来讨论，学生会更有兴趣，如果以抢答的形式让学生回答会更好。

（八）探讨故事内涵

想想是一条怎样的鲫鱼？你喜欢她吗？为什么？

后来是怎样的一阵风？你喜欢他吗？为什么？

三颗星星彼此见不到，为什么很开心？

想想和后来还有其他星星为什么变得快乐起来？

星星代表着生命中互相思念、牵挂的人，谁是你生命中的星星？你又是谁生命中的星星？

（九）童话剧表演

童话剧表演可以穿插在各个环节中。我把故事内容改编成了六幕童话剧，然后将学生分成六组，一组表演一幕。下面是我改编的最后一幕。

第六幕，星星听得到

旁白：许多鱼跟在想想后面来到湖面，等待后来的到来。

后来：想想，出什么事了？

想想：他们都想见你，我就带他们来了，后来，跟大家打个招呼吧。

后来：呵呵，你们好啊，我……我……我第一次看……看……看到这么多鱼。

小鱼们：哈哈，后来，你好。

呱呱：后来，你不想跟大家说点什么吗？

后来：你们想听我说什么？

小鱼们：那三颗星星的故事。

想想：我把那个故事讲给他们听了，他们想知道后来那三颗星星怎么样了。

后来：你们抬头看，在你们左边，就是这个方向，有三颗排成一行的星星，就是故事里的三颗星星。虽然你们看不见他们，但是他们永远都在那里。

想想：我记住了。

后来：他们知道对方的存在，他们知道身边有两颗和自己一样的星星在关心自己，所以他们很快乐。

呱呱：明白了，要是有一条小鱼每天这样等我，我也会很高兴的，会有小鱼等我吗？

想想：会有的。

后来：我知道你每天在等我，等得很辛苦。要是你没等到我，就看看这三颗星星，那个时候说不定我也在看着这三颗星星呢。

想想：我会把其中一颗星星叫后来。

后来：那我就把另一颗星星叫想想。

小鱼们：我要做第三颗星星。

后来：每一条小鱼都是天上的一颗星星，大家即使见不到面，也会互相惦记着。

姐姐：我们比星星幸运，我们还能见面，所以我们应该比星星更快乐。

呱呱：哈哈，请叫我星星鱼。有你们这些朋友，我比星星更快乐。

后来：小鱼们，我要走了，祝你们快乐！

想想：我也希望你快乐！

呱呱：傻瓜，后来听不见了，他早就走了。

想想：可是星星听得到，他们永远都在那里。

“师生共读一本书”就是让教师成为诗意的点灯人，让教师和学生过一种幸福完整的教育生活。从这个意义上说，读什么书、怎么读、如何彰显阅读的意义就显得尤为重要。教师要根据学情采用灵活的阅读方法，发挥“例子”和教师“导”的功能。

在阅读教学中，教师要有意识地营造读书氛围，为学生搭建读书平台，并渗透阅读方法，有针对性地培养学生的阅读习惯和阅读能力；教师要重视对整本书的阅读指导，尽量让学生亲历一个较为完整的阅读过程。

阅读是一场心灵的对话，教师要为学生精心营造一个充满磁性的“阅读场”，并善于寻找对话支点，引导学生在碰撞中悦纳、在分享中提升，让学生在书的世界里获得情感的润泽、精神的滋养和成长的快乐。

## 第三节　整本书阅读的实施路径

### 一、建立图书角

在教室里建立图书角。图书的来源有两个：一是教师推荐书目；二是学生、家长推荐书目。学生把自己读过的、听说过的好书推荐给大家，并把书带到学校，放到图书角分享。

## 二、制订阅读计划

（1）每周两节课的学生阅读时间。

（2）每天自主读书一小时，每月读两本好书。

（3）人人建立个人“小书库”，确保有书可读。

（4）实行图书漂流计划。

## 三、分层次阅读

低年级：倡导听、读、绘、说的结合，多阅读绘本、儿歌、童谣、儿童诗、传统经典等。

中年级：加大阅读量，读关于历史故事与人物传记的书。

高年级：加大自由阅读量，读关于自然科学、儿童文学和哲学方面的书。

为了让读书更有质量，我要求学生课外阅读，不仅重数量，更要重质量，提出了“读后有思，思后有感，感而能用，说记结合”的要求。我班学生都积累了大量的阅读笔记。海量阅读为学生的习作打下了牢固的基础，为学生积累了丰富的写作素材。

## 四、注重阅读积累

阅读活动不仅要教给学生读书的方法，还要培养学生积累的习惯。我采用以下两种方法促进学生的积累。

1. 一本书，一套卡

要求学生根据所读的书制作一套阅读积累卡，积累卡正面是书名、作者、阅读时间、好词佳句和精彩段落，背面是“我的收获”和“家长寄语”。

2. 一本书，一份报

阅读小报的内容和积累卡内容一样，只是展现的形式不同，需要以报纸的形式展现，其内容更具体、详尽。

## 五、注重阅读方法

1. 家长签字

家长监督孩子读完一本书后要签上“×××，已读完”。如果有些书籍孩子比较喜欢，多读了几遍，家长就签上“×××，已读完几遍”。

2. 阅读存折

为了激励学生阅读，我制作了阅读存折。一学期后，根据学生阅读的数量和质量，评选出“班级阅读之星”，进行表彰奖励。

3. 图书漂流

实行图书漂流计划，要求一学期人均漂流阅读量在10本以上，对漂流阅读书目达到10本及以上的学生进行表彰奖励。

4. 留下行走痕迹

为了使整本书的阅读更有效，在每个章节都要留下我们师生共同行走的痕迹，或圈，或点，或画，或批，或分角色朗读。

5. 画鱼骨图

为了让阅读更有深度，读完几个章节或整本书后，要提出主要问题，学生讨论后，画鱼骨图。

6. 设计导读题

教师针对每个章节设计导读题，学生根据导读题进行有目的的阅读。

7. 主题阅读

主要是读主题阅读丛书中的内容，如六年级上册第五单元的主题是“走近鲁迅”，学完后阅读主题阅读丛书中的《回忆鲁迅先生》《百草园》《自嘲》《从百草园到三味书屋》《狂人日记》等。

8. 建立“家长读书角”

为了让家长能够站在更高的起点带领孩子成长，我在班级建立了“家长读书角”，通过各种渠道鼓励家长阅读。慢慢地，家长开始主动找我推荐阅读书目，在阅读过程中提高了自己的教育能力。

李子倩的妈妈说，读了我推荐的书，她可以控制自己的情绪，不再随便向孩子发火了，并且调动孩子的爸爸也读起书来。高博宇的妈妈说，自从读书后，她开始认识到孩子的种种问题都是有原因的，她现在可以理性处理孩子的问题了。

为了激励家长，每次有相关庆典活动，我都会给家长颁发“和谐家庭”“书香家庭”“书虫妈妈”“智慧爸爸”等奖状，这对家长来说是弥足珍贵的。

9. 动员家长

为了解决书源问题，我利用家长会，向家长做阅读推广工作。家长会的主题就是“读书”。我常常告诉家长：“分数赢得一时，读书赢得一世。”渐渐地，在家长的心中埋下了读书的种子。

我率先在班里成立了家长委员会，我负责出书单，买书的事情由家长委员会全权负责。他们还为孩子制作了“漂流书包”，每个小组每人买两本不同的书，读完后放入“漂流书包”中，组际间交换阅读。我们的教育因为有了家长的参与而更加丰富了。

# 第六章 阅读积累课

语文教师应该有语文教学重积累的意识，要能够引导学生正确感悟、积累，从而使学生积淀丰富的语文知识，丰厚文学素养。

语文新课标中指出："语文教学要注重语言的积累、感悟和运用。"古今中外的经典著作凝聚着人类的智慧，广泛阅读可以穿越时空，走进历史，与历史进行面对面的交流，积累丰富的语文材料；广泛积累能够积淀文化底蕴，从丰厚博大的优秀文化中汲取营养，丰富我们的思想，提高我们的境界。

很多学生虽然阅读了不少课外书籍，但是语言运用能力还没有形成，因为他们只是泛泛而读，并没有掌握阅读方法，更没有形成有价值的积累。语文学习就是要让学生多读多写，日积月累，在大量的语文实践中掌握运用语文的规律。积累就是要提高学生的语文素养，弘扬民族精神，增强民族创造力和凝聚力，为学生的终身发展奠定基础。

## 第一节　阅读积累的方法

语文离不开阅读，语言的积累便是读来的。于永正老师认为，语言的积累要注意两点：第一，教学中要重视读和背，要按照学习语文的规律教学。对那些"不必解"的东西，坚决做到"不饶舌"；对那些学生目前还"不可解"的东西，强调粗知大意，先"吞咽"，后"反刍"；对那些学生一生都用得着的东西，要熟记，要想办法让他们记得快、记得牢。第二，重视课外阅读。于老师所带实验班的学生毕业时竟有能背诵古诗文 300 篇（首）的，这些学生到了中学也都会成为学习的佼佼者。事实上，对于学生来说，教师重视什么，抓什么，他们便会什么，如有的班级重视晨诵，学生的朗读能力提高得就快。

### 一、语言的积累

在教学中，为了促进学生语言的积累，我引导学生进行了大量的阅读。有《道德经》《论语》《孟子》《老子》《学记》《史记》等国学经典，也有古诗词、优秀小古文等，并让学生背诵。

除此之外，还让学生阅读主题阅读丛书，并及时写下读后感，做好读书笔记；结合新教育晨诵、午读、暮省活动，引导学生读文学类书籍、绘本等，并做好摘记；训练学生进行听、读、绘、说，让学生建立晨诵本，为读过的诗文配上画。

学理如筑塔，学文如聚沙。语文学习是一个长期积累的过程。实践证明：只有当学生的课外阅读量达到教材的4～5倍时，才有可能形成语文能力。张庆老师也说：学语文好比在天上布云，云布得越厚，雨下得越大!

## 二、生活的积累

相对来说，学生生活较单调，因此感受不多、情感不丰富，如果书也读得少，就会导致他们的“内存”小，从而影响他们的理解能力，影响他们良好情感的形成。

语言靠积累，能力靠实践。语文的外延等于生活。语文教学中引导学生感受生活是必须的，这也是一种积累。要多带学生去工厂、到军营、参观博物馆，体验生活、感受大自然，积累语文教材中没有但对他们的生命成长有用的东西。新教育倡导的“聆听窗外声音”“构建数码社区”行动，就是为了给学生的生命成长打下体验、积累的底子。

## 三、情感的积累

如果说语言是文章的躯壳，那么情感就是文章的灵魂。只有充满情感的文章，才容易引起读者的共鸣，缺乏情感的文章犹如一潭死水，无法激起读者的感情波澜。在写作教学中不可忽视“情感”这一因素，应当指导学生正确、具体、生动地表达情感，所以说写作训练过程是情感投入和情感产出的过程。

王蒙曾说过，要想使自己的文思畅通无阻，就必须具备丰富的生活积累、思想积累、情感积累，具备富足的生活经验和内心体验。积之愈厚，发之愈烈。学生如果在平时积累了丰富的情感体验，在写作时自然会受到情感冲击，下笔成文就不困难了。

可见，情感积累对写作有着非常重要的作用。对学生进行情感培养十分有必要，也是切实可行的。

1. 生活是情感积累的基础

如何在生活中积累情感呢？首先要热爱生活。只有热爱生活，才能对生活怀有高度的热情，才能获得无穷无尽的写作材料。否则，哪怕是感人事迹，你也会充耳不闻、熟视无睹，不会对它产生任何兴趣。

此外，对于学生来说，还需要教师的引导。教师要利用语文教材、报刊及各种媒体资源等，引导学生关注生活，把握时代脉搏，树立正确的世界观，培养学生的民主意识和科学精神，培养学生高尚的情操和审美能力以及健康的生活趣味。

2. 活动是情感积累的法宝

为了使学生能更多地了解社会、深入生活，在课堂教学之外，要多组织丰富多彩的课外活动，这不仅能多方面开发学生智力，还可以使学生积累丰富的写作情感。活动形式不一，内容多样，可以是寓教于乐的，如登山活动、郊游踏青，可以是培养集体荣誉感的，如运动会、球类比赛、拔河比赛，可以是培养表演能力的，如朗诵、讲故事、文艺晚会、演讲比赛，可以是培养尊老爱幼、关心他人品质的，如去敬老院慰问老人、捐助困难同学等。这些活动可以补充课堂学习的不足，有利于培养学生各方面的能力，让他们有机会接触丰富多彩的社会，体验真善美，这不仅陶冶了他们的情操，还使他们的性格朝着健康的方向发展，为其树立正确的人生观打下坚实的基础。只有积累了对社会生活的感受，才能丰富自己的写作情感，才能在写作时对材料信手拈来，文章一挥而就。

一个夏季的周末，我带学生野炊，回来后几乎每个学生都在日记中写了这次经历和感受。有的因生火做饭的过程而明白了团结合作的重要性，有的因帮女同学拿东西而体会到作为男子汉的骄傲，而大多数学生在游玩中感受到了无比亲密的同学情、师生情。每个学生都给我带来了或多或少的惊喜，包括平时学习不自觉的学生。一次活动，使学生体验到了诸多人生滋味，这是课堂教学无法取代的。

在后来的写作训练中，不少学生以此为素材，写出了情文并茂的佳作。这件事让我深刻地认识到开展课外活动的重大意义。

3. 启发是情感积累的有效途径

心理学认为，情感的产生是与对事物的深刻认识相联系的。学生不可能一开始就对事物产生深刻的认识，这就需要教师的启发。在学生产生兴奋情绪时揭示事物的本质属性或深刻含义，容易使学生加深对事物的认识，产生情感，从而达到情感积累这一目的。启发分为特定情境启发和即兴启发两种。

（1）特定情境启发

这种启发方式是预先设计好的。学生随着活动的进展产生了强烈的愉悦情感，教师抓住这个契机进行适当启发，使学生由对事物表层的认识转化为对事物内在意义的理解。如登山活动，可启发学生得出“学习和生活如登山，只有知难而进才会成功”的道理。如拔河比赛，可以引导学生领略丰富多彩的学校生活，明白团结就是力量的道理。如去敬老院慰问老人，可启发学生认识到继承和发扬尊老爱幼传统美德的意义。活动的开展、教师的启发使学生在理解的基础上积累了写作情感。

（2）即兴启发

事情出于偶然而具有启发价值，教师及时抓住机会进行启发，这就是即兴启发。班级和学校的偶发事件，同学间、师生间的往来等都是即兴启发的原材料。教师启发的深浅关系到学生各项能力的发展，是情感积累的重要来源。如校园里刚种的一棵小树被学生折断了，校工将其扶起，夹以木条，缚以绳索。针对这件事可设计一系列写作练习：《小树苗夭折了》，可以写学生追逐打闹时无意折断树苗、事后主动认错的过程，并升华到知错能改、努力培养良好行为习惯等方面的主题；《扶起了一棵幼苗》，可以引导学生写好“扶”字，突出“借树树人”的意境；《由“断树扶树”想到的》，可以引导学生将重点放在联系实际的议论上，呼吁家庭、学校、社会，“拉、扶”后进生，使后进生也能成为有用之才。经常这样多方面的启发，学生遇事就能多思多想，写作情感也就越来越丰富了。

4. 阅读是情感积累的主要源泉

课内外阅读是情感积累的主要源泉。学生在书中阅读到的内容是一种更广阔的生活，古今中外，尽收眼底。他们从书中可以感受到人类的许多感情。读了《苹果树上的外婆》《绿野仙踪》《木偶奇遇记》，抚慰了童年生活的失落；读了《伊索寓言》《中国寓言》，了解了为人处世的方法；读了《时代广场的蟋蟀》，学会了自我反思；读了《地震中的父与子》，明白了父爱的深沉。

课堂上所学的课文几乎篇篇都是写作情感积累的材料，教师应有意识地加以引导。读一篇好文章如同与一个高尚的人交谈，给人以心灵震撼。除了在课堂教学中有意识地引导之外，教师还应当经常去发掘文质兼美的文章，有选择地介绍给学生并通过启发诱导加深学生对某一问题的认识或强化他们的某种情感。我曾经向学生介绍了《一碗清汤荞麦面》这篇文章。当我充满感情地朗读完之后，教室里静悄悄的。通过学生日记的反馈，我了解到，文章中母子三人互爱、勤勉，不向命运低头的精神给学生留下了深刻的印象，而面馆经营者——一对夫妻一视同仁的招待、对弱者发自内心的同情更打动了学生纯洁的心灵。这样的文章充满“人情美”，带给学生的又何止是写作情感的积累呢？

课外阅读单靠教师介绍是有限的，还可在班级开展“美文共赏”活动，要求学生将从课外阅读中摘录的精彩片段粘贴在班级的“学习园地”中或编订成册让大家共赏，并利用“课前演讲”时间评一评、议一议。这样，学生能从这些美文中潜移默化地得到灵魂的净化、思想认识的提升，从而积累写作情感。

5. 练写是情感积累的必要手段

为了使学生能自觉进行情感积累，与其他知识获取手段一样，必须经过训练这个阶段，以培养学生的观察能力、思考能力，引导学生体会事物的内在含义。进行必要的表达训练，才能最终使情感付诸文字。能综合体现这些训练环节的最好方法是写日记。如果教师对日记指导得当，对学生积累写作情感和提高写作能力可起到很大的作用。学生如果做不到天天写日记，那至少也应两三天写一次，教师要定期批阅、点评，从观察、感受、表达等方面进行指导，对日记中的闪光点给予充分肯定，对佳作给予表扬展示。还可推荐学生向报刊投稿，以激励学生写好日记。日积月累，学生的写作材料越来越多，写作情感越来越丰富，写作水平自然也会不断提高。

语文需要积累，积累出来的语文才有灵性；人生需要积累，积累之后的人生才有底蕴！

# 第二节　阅读积累的途径

阅读积累是输入，在输入的过程中，如何提炼“真金”呢？所谓“真金”，就是指好词佳句，优美的片段，精彩的内容、情节，文中蕴含的美好情感，深刻的道理等，总之，一切自己喜欢的、值得珍惜的东西都是“真金”。那么，通过哪些路径积累呢？

基于学生的实际，我寻找到了阅读积累的三条有效途径：一是做读书摘记，二是做批注、圈点勾画，三是吟咏成诵。

## 一、做读书摘记

在读书的过程中，遇到好词佳句等可以先做上记号，一篇文章或整本书读完后再做摘录，并建立摘抄本，养成不动笔墨不读书的习惯。一开始，我让学生填写阅读积累卡，按照规范的格式做好读书笔记。

后来随着年级的升高，因为表格空间有限，学生写不下，就让学生用本子随意记录。

**阅读积累卡**

<table>
<tr><td colspan="5">读书摘记</td></tr>
<tr><td>书名及篇名：</td><td>作者：</td><td>体裁：</td><td>阅读时间：</td><td>家长签字：</td></tr>
<tr><td colspan="2">文章或整本书的主要内容</td><td colspan="3"></td></tr>
<tr><td colspan="2">优美片段</td><td colspan="3"></td></tr>
<tr><td colspan="2">好词佳句</td><td colspan="3"></td></tr>
<tr><td colspan="2">精彩的内容、情节</td><td colspan="3"></td></tr>
<tr><td colspan="2">文中蕴含的美好情感</td><td colspan="3"></td></tr>
<tr><td colspan="2">文中蕴含的深刻道理</td><td colspan="3"></td></tr>
<tr><td colspan="2">我的收获</td><td colspan="3"></td></tr>
</table>

### 二、做批注、圈点勾画

对于经典的诗文、优美的句段等，要做好摘抄。我让学生先读，在读的过程中不要打断故事的完整性，在感受深的地方，用笔圈点勾画、做批注，读完后，再进行摘抄。

### 三、吟咏成诵

诵读，是形成语感的基础，是积累语言、培养语言能力的重要手段。吟诵的作用不可小觑，吟诵能帮助学生找到语感，理解文本的内涵，使学生对文本内容印象深刻。光有摘抄，不是积累，那只是一些零散的、没有生命力的文字符号。要想让摘抄的东西发挥价值，就必须将它们融入自己的语言、思想、血液中。常摘常读常新，天长日久，浸润涵泳，熟读成诵，“腹有诗书气自华”就成了常态。

## 第三节　阅读积累的渠道

如何引导学生有效积累，需要教师的智慧，发挥教材的例子功能，开辟多种渠道，让积累更有质量。

### 一、开辟课内阅读渠道，提升积累质量

1. 在感悟中积累

感悟是积累语言的重要方法。一篇优美的作品，仅靠背诵来把握其思想感情是不够的，更多地要靠感悟。在读中理解，在读中感悟，在感悟中积累。教师要引导学生对文本中的好词佳句细细品味，对那些至理名言进行赏析，将那些打动心灵的语句化为自己的东西。

2. 在阅读中积累

阅读是学生理解文本、积累语言、培养语感、体会情感、发展思维能力的有效途径。多读多背是语文学习的法宝。但是，没有广博的阅读，仅仅靠教材中的几篇课文，是不可能真正提高语文能力的。

语文教学强调以读为本，就是让学生自由读、反复读，在读中理解，在理解中读，这样循环往复，以至熟读成诵，从而读出情感、读出理解，这样的阅读才能使学生积累丰富的语文材料。

朗读是语文教学的基本方法，是阅读教学的重要环节，也是语言积累的重要途径。语文教学应以读为本，让学生充分地读，在读中理解，在理解中读，反复诵读，熟读成诵，读出滋味，读出情趣，在读中自然而然地积累丰富的语言材料。当然，积累绝不仅仅是字、词、句、篇章的积累，还要注意思想、认识、文化的积累。

3. 在背诵中积累

背诵是积累的重要手段。古人特别强调背诵的作用：书读百遍，其义自见。小学阶段是记忆力最好的时期，教师要抓住时机，指导学生背诵名篇名段，这些经典的作品对学生的写作乃至文化底蕴的积淀都有十分重要的作用。

特级教师黄玉峰说："学语文本身是要下点功夫的，尤其年纪小的时候，要下点功夫，记点东西，背点东西，学点东西。特别是诗歌、好的文章等，更应该从小就背起来，因为节奏感在里面。……首先，是积累、吸收，然后，在自己的脑子里编程，最后，才是吐出来表达。"

多背，是语文学习的钥匙。一篇优美的文章，教师讲得再好，学生不能熟读成诵，写作时还是会语言干瘪，内容空洞，更谈不上语句优美了。其实，教材中需要积累的东西有很多。

例如，教学人教版三年级上册《美丽的小兴安岭》一文，这一课语言优美，于是我让学生熟读成诵。在之后的写作训练中，我让学生写一处美景，学生就引用了课文中"一年四季景色诱人，是一座美丽的大花园，也是一座巨大的宝库"的句子。学习了《富饶的西沙群岛》，学生背熟课文后，在写"海底世界"的习作时，模仿课文中"有的全身布满彩色的条纹；有的头上长着一簇红缨；有的周身像插着好些扇子，游动的时候飘飘摇摇；有的眼睛圆溜溜的，身上长满了刺，鼓起气来像皮球一样圆。各种各样的鱼多得数不清。正像人们说的那样，西沙群岛的海里一半是水，一半是鱼"这样的句子描写了鱼的姿态。

4. 在运用中积累

阅读的最终目的是运用。学生灵活运用经典名句名段，也是语言积累有效深化的方法。在语文教学中，教师要善于捕捉运用迁移的练习点，指导学生积累语言素材。

5. *在摘抄中积累*

好记性不如烂笔头，单纯背诵还不足以广泛积累，教师还要引导学生去摘抄，这是丰富学生积累的一种有效途径。建立积累本，让学生做读书笔记，把好的词句、段落摘录下来，可以先从教材入手做摘抄，然后扩大阅读面，从课外阅读中丰富摘抄内容。这些文字积累对学生的帮助很大，写作时可以将其内化为自己的语言。

摘抄也是一种语言学习的积累方式，是读、写、背在某种程度上的综合体现。当学生把读、写、背当作生活方式，日积月累，他们的知识会更丰富，思维会更活跃，视野会更开阔，语言运用会更熟练。

6. *在活动中积累*

学生喜欢活动，教师要努力为学生创造条件，让他们亲历活动的全过程，让他们在活动中体验快乐，有所收获；在活动中积累素材，丰富语言；在活动中增强团队意识，爱护班集体；在活动中感受自然的美妙，热爱大自然。如拔河比赛、跳绳比赛、踢毽子比赛、接力比赛，以及六一儿童节组织庆祝仪式，春天踏青体验万物生命的轮回，盛夏观察花草树木的繁茂，秋天感受丰收景象，冬天堆雪人、玩雪球、打雪仗等。

鼓励学生走进田间、树林，这里是学生获得知识、发展能力的大课堂。

7. *在传授中积累*

课堂上结合课文内容，精选课内外一些语文知识传授给学生，以弥补学生积累中的不足，如与课文有关的诗歌、宋词、元曲、小古文、散文、成语、谚语、对联等；还可以向学生推荐名人名言、名家名篇、名著等。我结合我班教学实际，编写了《学生习作营养快线》一书，弥补了学生课内外阅读量的不足。

8. *在写作中积累*

写作是语文素养的综合体现，学生能够将从阅读中汲取的养料转化为自己的思想、情感，并表达出来，是一种非凡的能力。对低年级学生来说，写作难免会有仿写的痕迹，这是学习写作的必经阶段。这里所说的写作，不单单是写作，还伴随着阅读、思考和观察，所以写作实际上是综合的语文能力训练。

教材中的选文都是文质兼美的经典之作。这些文章不论是从选材立意、思想情感上看，还是从表达技巧上看，都是学生写作的范本。把课内积累的语言内化为自己的语言，灵活地把课文中的好词佳句、优美片段迁移运用到自己的习作中，这是积累语言的目的。

一旦发现好的习作，立即投稿。我班出了《幼芽》班报一百余期，经常选编学生的优秀习作，这进一步激发了学生写作的热情，让学生在写作中不断运用语言，使其既激活了自身的语言积淀，又吸收了他人的新鲜语言，不断丰盈自己的语言。

9. 在赏析中积累

在阅读教学中，引导学生在赏析中积累语言，让学生在好词佳句的鉴赏中，深化认识，融会贯通，将范文中的语句化为己有。

如《桂林山水》一文中有这样的句子："我攀登过峰峦雄伟的泰山，游览过红叶似火的香山，却从没看见过桂林这一带的山。桂林的山真奇啊，一座座拔地而起，各不相连，像老人，像巨象，像骆驼，奇峰罗列，形态万千；桂林的山真秀啊，像翠绿的屏障，像新生的竹笋，色彩明丽，倒映水中；桂林的山真险啊，危峰兀立，怪石嶙峋，好像一不小心就会栽倒下来。"

我让学生读后思考：文中哪些词用得好？为什么？这段话用了什么写作手法，你能仿写一段吗？在问题引导下，学生在赏析和仿写中积累了语言。

10. 在生活中积累

生活是一本读不完的大书，我们要引导学生观察生活、体验生活、思考生活，让其习作充满真情；要引导学生多读书、读好书、会读书，使其习作词句畅达，妙语连珠。我让学生写班级故事、家庭故事、学校故事、社会故事，旨在让他们观察生活、记录生活、表达生活，因为写作离不开生活。如此，我班积累了《我在书中等你》《生活是大舞台》《心灵百合谷》等500余本"采蜜本"。那信手拈来的从容，都是厚积薄发的沉淀。

## 二、开辟课外阅读渠道，深化积累质量

1. 读原著

只有读原著，才能更全面、深刻地把握作家的写作意图，了解作家的写作风格、写作背景等。

2. 读名著

名著是经过岁月洗礼后留下的时代珍宝，有较深厚的文化积累，对人生、社会等认识也相对深刻一些。读名著，能让学生更踏实、更智慧，思维更缜密。名著是品读不完、挖掘不尽的知识源泉，经常阅读，学生会从中挖掘出更多的知识宝藏。

3. 读主题书

读同一主题的书，能系统地积累更多的文学常识、语言文字知识，以及一些人生哲理。在阅读过程中，如果能适当地摘抄一些好词佳句、成语典故、轶闻趣事等，写好读后感，将有助于学生对文本内容、思想等各方面的深入理解与掌握。

语文学习是一个长期积累的过程，而阅读是一个从量变到质变的过程，书读得多了，眼界就会更开阔，写起作文来就会得心应手，所以语文教学要重视阅读积累。

# 第七章 读写结合课

叶圣陶先生说："阅读是吸收，写作是倾吐，倾吐能否合于法度，显然与吸收有密切的关系。"可见，阅读和写作之间有着密不可分的联系，阅读教学是学生积累语言的主要途径。有专家提出"把写挤进课堂"，一个"挤"字道出了练笔的必要性。课堂练笔是阅读教学中落实语言文字的训练，是促进读写结合的一项有效措施。因此，在课堂教学中要处理好"读"与"写"的关系，恰当地把握练笔时机，使之成为课堂教学的有机组成部分。

我主张以"单元主题"带动课内"读写结合"与课外写作方法的掌握。经过长期的实践探索，我将读写结合课分为六种课型：随文练笔课、写法提炼课、主题习作课、口语表达课、细节精彩课、写作训练课。

## 第一节　随文练笔课

学生的写作能力（即运用语言文字能力）的提升仅仅依靠写作课上的训练是远远不够的。我们有必要在平时的语文课堂上挖掘读写训练的结合点，进行随文练笔训练。

教师要找准读写结合的训练点，学完课文后，根据课文的留白或课后的训练要求让学生进行练笔，可以提醒学生利用从课文中习得的写作方法，依"法"练笔，或仿写，或续写，或补写，或扩写，或改写，或缩写……

教材中有一种特殊的文学体裁——寓言童话。它基于生活，用通俗浅显的语言、合理丰富的想象、大胆的夸张、饶有趣味的情节等，虚构出富有幻想的故事，反映人们对美好生活的真切向往和强烈的爱憎。下面，我们就寓言童话来介绍一下如何进行随文练笔。

### 一、延伸课文，引导续写

教材中有很多寓言童话在结尾处留下了悬念，给人以驰骋想象的空间。在学生充分感知故事情节和故事内涵后，可以引导学生展开想象，创编出与课文内容相关、与情节相连的故事，这样不仅能加深学生对课文内容的理解和对语言内涵的感悟，而且能使他们的想象力和创造能力得到训练。

1. 直接延伸

有的课文结尾留有空白，可引导学生顺延课文、延伸情节。如阅读《狼和小羊》后，可以这样引导学生：“狼是多么狡猾，多么无赖啊！不管小羊怎样申辩，它都不听。你看它张着血盆大口，向小羊扑去。在狼向小羊扑去时，除了小羊被吃掉外，还可能发生什么意外？小羊真的心甘情愿成为狼的口中之食吗？羊妈妈可能在这时候出现吗？猎人能对付这只恶狼吗？其他人在关键时刻能想办法帮助小羊吗？”让学生根据课文结尾想象续写。有学生写道：

小羊想：“这个狡猾而可恶的家伙，它这样可恨，我绝不能让它得逞。”于是，就在狼向它扑来时，猛地向旁边一躲。只听“咚”的一声响，狼一下子掉进了河里。狼在水中拼命挣扎，让小羊救救它。小羊淡淡一笑，什么也没有说，最后，狼慢慢沉到了河里。

还有学生写道：

就在狼向小羊扑来的时候，突然听到喊声，忙回过头来说：“老山羊，你来了，正好，一只小羊不够我吃，等吃完小羊，我再来收拾你。”老山羊忙说：“先吃我好了，小羊太小。”狼说：“好吧，先来收拾你。”说罢，恶狠狠地向老山羊扑来，老山羊故意把眼睛闭上，等狼扑向它的时候，它猛地一躲，狼扑了个空。老山羊忙回过头来，伸出尖利的角，拼命地向狼的肚子刺去，只听“哎哟”一声，狼一下子瘫倒在地，伸了伸脚，上了西天。小羊见了，扑到妈妈的怀里，高兴得哭了。

学生发挥想象，续写的故事丰富有趣。

2. 变更延伸

如果课文的结尾留的空白不够明显，学生难以发挥想象，教师可通过对课文内容的有机变更，创造条件，引导学生拓展延伸。如学习《狐狸和乌鸦》后，一名教师这样引导学生：“乌鸦好不容易得到一块肉，现在被狐狸骗走了，它会甘心吗？它会想什么办法把肉要回来？请你根据自己的理解，续写课文。”有学生写道：

乌鸦一见狐狸把肉叼走了，马上哈哈大笑起来。狐狸感到奇怪，乌鸦为什么笑呢？一定有原因。于是，它忙丢下口中的肉问乌鸦为什么笑。乌鸦对狐狸说："你那块肉有毒！我看你怎么敢吃下去。"狐狸一听，吓得不轻，便什么也不顾地走了。乌鸦一见，忙飞下来，把肉叼了回去。

还有学生写道：

狐狸刚把肉叼走，乌鸦便大声说："狐狸呀，你别高兴得太早，等把肉吃下去，你的家人就要给你收尸了。"狐狸一听，吃了一惊，心想，一定是肉里有什么名堂，于是忙把肉丢下，跑走了。

这样引导，能有效地激发学生的想象，促进学生对课文内容的深刻理解和感悟。

## 二、变更材料，引导写作

寓言童话大多能给人以启发，为加深学生对课文内容的理解，教师可以创设情境，创造新形象，引导学生改写课文或续写课文。

1. 创设情境，引导写作

阅读课文后，引导学生逆向想象叙述，创造相对形象的画面。如学习了《揠苗助长》后，一名教师这样引导："那个拔苗的人由于不按庄稼生长的规律办事，结果吃了大亏。在事实面前，他一定会受到教育的，大家想一想，到了第二年，他会怎么做呢？请你们把想象的情景写下来。"有学生写道：

第二年，那个人吸取了教训，这次种庄稼，他请教了当地有经验的老农，加强了田间管理。种子播下后，他每天都到田里看看，有了杂草就除掉，定期给庄稼施肥、浇水，终于获得了丰收。

还有学生写道：

他先选择好种子播种，禾苗一长出来他就加强了管理，除草、施肥、捉虫。结果，庄稼长得比其他人家的都好，他心里可高兴了。看着丰收在望的庄稼，他心里想：看来，要使庄稼长得快，必须按庄稼生长的规律去做，不然就会出力不讨好……

这样的情境创设激发了学生的想象力，使学生有话可说。

2. 合理变通，引导写作

事情的发展往往与很多因素有关，某一因素发生变化，可能整个事情也会发生变化。因此，在寓言童话的阅读中，可变更条件，引导学生想象条件的变化对事情发展有可能产生的影响，通过想象叙述新的故事。如在《小马过河》一文的阅读中，一名教师是这样引导的：

师：如果小马是一个爱思考的孩子，听了牛伯伯和小松鼠的话，他会怎么做呢？

师：请一组同学上台表演，其他同学一边看一边想，最后评价一下他们演得怎么样。

小马：（身背粮袋来到小河边）请问牛伯伯，这条河深不深？

老牛：不深，很浅，刚没过小腿。

小马：知道了，谢谢您。这河不深，我马上过去。

小松鼠：（快步上前）小马，小马，千万别过河，你不要命了吗？

小马：怎么了，小松鼠，牛伯伯说这条河很浅，我能过去的。

小松鼠：不对，不对，这条河很深，昨天我的一个朋友就淹死在里面了，你可千万别过河。

小马：（左右为难）奇怪啊，牛伯伯说河水不深，小松鼠却说河水很深，这是怎么回事？（仔细打量着牛伯伯和小松鼠，再看看小河）哦，对了，牛伯伯个子这么高，当然觉得水浅了，而小松鼠个子那么矮，当然觉得水深了；而我呢，虽然没有牛伯伯那么高，但是比小松鼠高多了，我来试一试。

松鼠：（惊叫）小马，别下去，你会被淹死的。

小马：小松鼠，谢谢你，我自己试一试。（小心地过河）啊，我过来啦！原来这条河既不像牛伯伯说的那么浅，也不像小松鼠说的那么深。看来，做事情得多动脑筋，自己去试一试才行。

这样的引导，让学生对“有些事情，光听别人说是不行的，必须自己动手做一做”这句话的理解更深刻了。

## 三、迁移课文，引导写作

教材中的寓言童话，不仅提供了语言训练的材料，而且提供了引导仿写的范例，提示了童话写作的基本思路和基本方法。教学中，教师可提示点拨，引导学生发挥想象，进行写作。

1. 引导发散，升华中心

大多数寓言童话是用来说明事理的，为强化学生对课文的理解，可以引导学生围绕中心思想，创造新的画面，编写新的故事。如学习了《骆驼和羊》后，一名教师是这样引导的：

师：通过《骆驼和羊》一文的学习，我们知道，骆驼和羊都只看到自己的长处，而看不到自己的短处，这是不对的。你认为怎样做才对？

生：看到自己的长处，也要看到别人的长处，这才是对的。

生：看到别人的短处，也要看到自己的短处，这才是对的。

生：看到自己的长处，也要看到自己的短处，这才是对的。

生：看到别人的短处，也要看到别人的长处，这才是对的。

师：下面同学们围绕你写的这句话来续写这个故事。

这样围绕中心句进行发散，使学生对课文所说明的道理理解得更具体，使学生加深了对课文中心句的理解，而且对学生进行了句式训练。

2. 变向思考，再造想象

在引导学生加深了对课文中心句的理解后，教师又继续引导学生：

师：如果骆驼和羊又一次相遇了，事情会怎样呢？

生：我认为它们会互相帮助，用自己的长处弥补对方的短处，用对方的长处弥补自己的短处。

生：我认为骆驼会帮助羊吃到树叶，羊也会帮助骆驼吃到青草。

师：能说得具体一点儿吗？除此之外，它们还可以怎样互相帮助呢？

生：骆驼会凭借自己高大的身材，帮助羊摘树上的果子；羊会凭借自己矮小的身材，到矮小的屋子里为骆驼找吃的。

生：骆驼和羊又一次来到园子旁边，园子里种了很多树，茂盛的叶子伸出墙外，骆驼对羊说："树长得太高了，你够不着，我来帮助你。"说着，一抬头，咬下一簇绿绿的树叶给羊吃。羊感激地说："谢谢你。"骆驼说："不用谢，我们是好朋友。"于是，两人高兴地吃起来。

生：骆驼身材高大，可以为羊建造和修理屋子；羊可以为骆驼到山洞里找吃的。

师：大家想得多好啊！如果把这些事情写下来就是非常有趣的童话故事了，大家选择一件，进行大胆的想象，然后把它写下来。

这样的引导使学生的写作水到渠成。

3. 迁移中心，拓展想象

每一篇文章都表达一个中心，而表达中心的素材很多。为此，在学生对课文内容和中心有了比较深刻的感悟后，可以引导他们选择材料想象故事。

师：我们知道，不管是谁，都有自己的长处和短处，只要互相帮助，就能克服各种困难，把事情办好。大家可以想象一个发生在两个动物之间的故事，来说明“只有互相帮助，才能把事情办好”。

生：鸡和鸭是一对好朋友，鸡的嘴尖尖的，可以到草丛里找小虫子、人们丢失的粮食吃，但是它不能到水中去。鸭子的嘴扁扁的，很难在草丛中找到东西吃，但是它能在水中觅食。鸡可以帮助鸭子在草丛中找食物，鸭子可以帮助鸡找水中的食物。

师：很不错！这样一想，许多动物之间甚至人们之间都可以发生一些有趣的故事。下面请大家想象一个故事，并把它写下来。

生：一天，小鸡和小鸭到野外找吃的。它们先来到一片草地上，草长得很茂盛，草丛下面有许多小虫子，由于小鸡有尖尖的嘴、尖尖的爪子，所以找起小虫子来很方便，可鸭子呢，嘴扁扁的，爪子上有蹼，不容易找到小虫子。可这没有难倒它们，小鸡对小鸭说：“你别着急，我来帮助你。”很快小鸡就找到了不少小虫子给小鸭吃。离开草地后，它们又来到一条小溪边，小溪里有许多小鱼。小鸡看着小鱼，真是嘴馋，可又没有办法捉到它们。小鸭见了，忙对小鸡说：“你别急，我来帮助你。”说着，就跳下水，很快就捉到了小鱼给小鸡吃。傍晚时分，它们吃饱了，玩累了，高高兴兴地回家了。

在这里，教师引导学生自己选择素材进行想象写作，由于素材是学生自己选择的，所以他们会更有写作兴趣。

4. 捕捉灵感，创造想象

充分利用好课前 3 分钟拓展话题，话题内容可以从校内生活到校外生活，从现实的世界到想象的世界，无所不包。聊语文、聊数学、聊美术、聊音乐、聊同学间的交往、聊节假日的旅游、聊梦境、聊太空……丰富的主题，让每一个学生都想说，都有话可说。在这个自由自在的时空里，教师要尽自己最大的努力去呵护学生的表达天性，去发现学生各具特色的语言表达个性。

如我班一节音乐课后，我对学生说：“上一节是音乐课，今天的课前3分钟，就来说说上音乐课的感受吧!”这样的话题，源自学生的生活，又有足够的开放性，他们自然想说话，有话说。

生：早上，我有点儿生气，进入音乐教室后，感觉好多了。美妙的歌声让我忘记了烦恼，我感觉自己长了一对隐形的翅膀，在空中飞来飞去。

生：在音乐课上，我感觉自己像坐在音符上一样飘来飘去。老师的手就像小精灵，在琴键上蹦来蹦去。我们在音乐的海洋里游来游去。

生：老师弹琴，我们唱歌，教室的上空仿佛飘浮着美丽的花瓣，我们正乘着花瓣飞翔。

……

这些灵动的语言，这些诗一样的表达，都出自一年级学生之口。

我还经常根据教材内容确定说话内容。如学习了《大还是小》后，我问学生：“你什么时候觉得自己很大？什么时候觉得自己很小?”

生：自己穿衣服时觉得自己很大。

生：自己睡觉时觉得自己很大。

生：自己收拾房间时觉得自己很大。

生：自己系鞋带时觉得自己很大。

生：够不到门铃时觉得自己很小。

生：听到雷声喊妈妈时觉得自己很小。

生：自己在家感到害怕时觉得自己很小。

……

对于一、二年级的课前3分钟演讲，我常捕捉教材训练点让学生仿说，我做好记录，然后发到班级共读群里共享。如一年级学习了《四季》后，我引导学生仿说，学生们思绪飞扬。

王振华：桃花开了，小蜜蜂正在辛勤地采蜜。桃花对小蜜蜂说：“我是春天。”知了在树上放声歌唱，树叶对知了说：“我是夏天。”树上结满了一个个红艳艳的苹果、黄澄澄的梨，它们激动地说：“我是秋天。”雪静静地下着，四周白茫茫一片：“啊！我就是冬天。”

李朗：风儿暖暖，风筝飘飘，它对小朋友说："我是春天。"蝈蝈叫了，葡萄紫了，火辣辣的太阳说："我是夏天。"桂花香香，露出了笑脸说："我是秋天。"北风呼呼，洁白的雪花骄傲地对大地说："我是冬天。"

李秋子：柳叶嫩嫩，对蚂蚁说："我是春天。"茉莉花开，对知了说："我是夏天。"苹果熟了，红着脸说："我是秋天。"雪花漫天飞舞着，快乐地说："我就是冬天。"

再如，学了《明天要远足》后，我让学生仿说诗歌。看看学生的成果吧。

耿小迪：明天要远足。翻过来，唉，睡不着，那地方的花，真的像妹妹说的那么漂亮吗？翻过去，唉，睡不着，那地方的山真的像弟弟说的那么高大吗？翻过来，翻过去，哎，到底什么时候天才会亮呢？

柳絮：明天要远足。翻过来，唉，睡不着。那地方的树林，真的像奶奶说的，那么郁郁葱葱吗？翻过去，唉，睡不着，那地方的荷叶，真的像爸爸说的那么又大又圆吗？翻过来，翻过去，唉，到底什么时候才天亮呢？

孙泽雨：明天要远足。翻过来，唉，睡不着，那地方的树，真的像妈妈说的那么绿吗？翻过去，唉，睡不着，那地方的沙子，真的像爸爸说的那么黄那么软吗？翻过来，翻过去，唉，到底什么时候才天亮呢？

孙振宇：明天要远足。翻过来，唉，睡不着，那地方的花，真的像大姐姐说的那么香、那么好看吗？翻过去，唉，睡不着，那地方的草原真的像阿姨说的绿得一望无际吗？翻过来，翻过去，唉，到底什么时候才天亮呢？

来看看学习了《比尾巴》后学生仿说的"比尾巴"。

**比尾巴**

史峻赫

谁的尾巴粗？
谁的尾巴细？
谁的尾巴好像一把剪刀？
恐龙的尾巴粗。
猴子的尾巴细。
燕子的尾巴好像一把剪刀。

**比尾巴**

于子腾

谁的尾巴大？
谁的尾巴小？
谁的尾巴可以当被子？
恐龙的尾巴大。
兔子的尾巴小。
松鼠的尾巴可以当被子。
谁的尾巴卷？
谁的尾巴翘？
谁的尾巴可以当武器？
猪的尾巴卷，
狗的尾巴翘，
蜜蜂的尾巴可以当武器。

学生诗兴大发，想象力丰富。我突发奇想：何不让学生比耳朵、比嘴巴、比眼睛、比鼻子等？问题一抛出，学生精心思索着，一会儿，一篇篇佳作就诞生了。

**比耳朵**

邱毅

谁的耳朵长？
谁的耳朵短？
谁的耳朵遮着脸？
驴的耳朵长，
老鼠的耳朵短，
象的耳朵遮着脸。
谁的耳朵尖？
谁的耳朵圆？
谁的耳朵听得远？
猫的耳朵尖，

猴的耳朵圆，
狗的耳朵听得远。

### 比嘴巴

于紫腾

谁的嘴巴小？
谁的嘴巴大？
谁的嘴巴会说话？
蜜蜂的嘴巴小。
青蛙的嘴巴大。
鹦鹉的嘴巴会说话。
谁的嘴巴扁？
谁的嘴巴宽？
谁的嘴巴能治病？
鸭子的嘴巴扁。
鳄鱼的嘴巴宽。
啄木鸟的嘴巴能治病。

### 比眼睛

窦子晨

谁的眼睛大？
谁的眼睛小？
谁的眼睛亮？
谁的眼睛凸？
猫的眼睛大。
鼠的眼睛小。
鹰的眼睛亮。
蛙的眼睛凸。

**比鼻子**

秦紫鑫

谁的鼻子圆？
谁的鼻子长？
谁的鼻子扁？
谁的鼻子闻得远？
猪的鼻子圆。
象的鼻子长。
猴的鼻子扁。
狗的鼻子闻得远。

这样的练习既锻炼了学生的语言表达能力，又培养了学生的想象能力和模仿能力，深受学生的喜欢。教师可多组织学生进行这样的练习，让学生的个性张扬、思维能力得到最大限度的发挥。

## 四、利用片段，引导扩写

事情的发展都有其特定的背景，且起因、经过、结果往往与背景联系紧密。为此，可借助课文所写事情的背景，启发和引导学生想象新的事情，创设新的情境，进行写作训练。如《少年闰土》中有这么一句："深蓝的天空中挂着一轮金黄的圆月，下面是海边的沙地，都种着一望无际的碧绿的西瓜。"这句话让人想到海边、晚上、月下瓜地那清幽美妙的景色。一名教师让学生借助这一背景，想象并叙述其间发生的事。结果，有的学生想象了儿时偷瓜被逮住的情景，有的学生想象了夜擒"敌特"的趣事，有的学生想象了月下瓜地特别的晚餐……学生的想象非常丰富。

## 五、创新形式，引导质疑

教材中，有的课文存在明显的可疑性，我们要教育学生不要迷信权威，要敢于质疑教材，敢于向权威挑战。在阅读教学中，教师要围绕教学目标，捕捉话题，引导学生质疑，发挥学生自主学习、主动探究的主动性和积极性，培养学生能言善辩的能力。如阅读《嫦娥奔月》一文后，我这样引导学生：

师：当嫦娥飞出了自己精心收拾的那个温馨的家，飞离了自己曾经与乡亲们生活过的村庄，越飞越高，心中涌起的最强烈的情感会是什么？结合插图说说自己的理解。

生：当嫦娥越飞越高时，她心中涌起的最强烈的情感应当是对后羿的思念、对乡亲们的思念……但是，这一切好像很正常，没有异常变化。

生：教材上说，嫦娥与后羿恩爱有加，你看她飞天时的样子，眼睛深情地望着月亮，双手伸向月亮，恨不得一下子扑到月亮上去，如果她对后羿还有一点点感情、对人间还有一点点留恋的话，她听到后羿的呼唤，应该回头看看，应该是脸朝下、双手朝下的，可见她背叛了后羿，想早日成仙。

生：你瞧，嫦娥飞天时的样子，双手伸向月亮，眼睛盯着月亮，是那样深情，可见她对后羿没有半点感情。

生：我认为作者在编写教材时有误，既然书上说后羿与嫦娥感情深厚，怎么从教材上的插图中没有看出她对后羿的感情呢？

生：这幅图应该改成嫦娥的脸朝下，双手向下伸，眼睛深情地寻找着后羿，表现出很难过的样子。

生：希望老师跟编辑们反映一下这个情况，下次出版时，把这幅图片改正一下。

接着，我又换了个角度，从课文的内容挖掘问题，引导学生表达。

师：面对逢蒙的威逼，嫦娥与他进行了周旋，怎么“周旋”的呢？我们来演一演。

逢蒙：快把仙药交出来？

嫦娥：仙药？什么仙药？

逢蒙：别装蒜了，你丈夫后羿从西王母那儿得到的。那天，你丈夫把药交给了你，是你藏起来了，说，藏在哪儿了？

嫦娥：你一定听错了，那天是他采的草药卖了钱让我收起来。逢蒙兄弟，你缺钱吗？我送你一些。你先坐下，喝口水，我来给你拿。

逢蒙：哼，别跟我来这一套，我不会听错的。（接着翻箱倒柜搜起来）

嫦娥一边阻拦一边劝说，眼看逢蒙快要搜到百宝匣了就抢先一步掀开百宝匣拿出仙丹，一口吞了下去……

这样引导学生质疑、辩论、表演，能有效促进学生对课文内容的深度理解、对课文情感的深切感悟和对语言技巧的深入探究，能培养学生的语言表达能力。

## 六、捕捉瞬间，即兴创作

人的语言活动是用来展示精神世界的，同时，精神世界也常常依赖语言活动来表达。学生的精神世界是千差万别的，因此，对外部世界的感受也不同。突发事件、自然现象等，常常会触发学生的灵感，教师要善于捕捉精彩的瞬间，激发学生的写作欲望。如在大雪到来之时，引导学生观赏雪景，在学生感受了漫天飞舞的大雪后，及时引导学生试着用一句话描写一下天空的景色，最好不要与别人雷同。学生的表达各有千秋，个性十足。

生：满天的玉蝶挣脱了玉皇大帝的束缚，纷纷来到人间向我们报道。

生：雪花似柳絮飘，似棉花飞，似蝴蝶舞，好一幅美丽的景象！

生：雪姑娘经过长途旅行，感到了疲劳，你看她走路摇摆的样子就知道。

生：看吧，老天爷正挥动着巨大的手，把一团团棉花抛向大地，他要做一条棉被，好让大地上的一切暖暖地过冬。

师：看着漫天大雪，我想你们一定有许多话要说，请用一句话来表达自己的心情，再用一段话说明原因。

生：寒冬腊月如同阳春三月本是少见的，但是我特别不高兴，并不是因为我怕冷，而是天冷时妈妈的腿受不了。妈妈的腿患关节炎已经两年了，每到冬天就疼得厉害，有时疼得都下不了床。看到妈妈忍着疼痛在家里忙着，我真是难受极了。我想，要是冬天从四季中去掉该有多好，可今天竟然下雪了，而且下得这么大。看着这大雪，我仿佛看到妈妈抱着双腿在痛苦地呻吟，又好像看到妈妈一瘸一拐地去井边为我洗衣服……老天爷啊，你行行好吧！让大雪停下吧！

利用这样稍纵即逝的景象，让学生即兴写作，此情此景，是我口说我心，我手抒我情。

### 七、展开内容，评价人物

有的课文给学生提供了思考的空间，在学习时，教师要及时捕捉这一特点，让学生发挥想象力，对文中的人物进行评价，在评价中提升认识。如学习了《伯牙绝弦》一文后，我让学生说一说自己眼中的“伯牙绝弦”。

生：伯牙很爱弹琴，钟子期很爱听伯牙弹琴，钟子期是伯牙的知音。钟子期死后，伯牙再也没有知音，没有人愿意听他弹琴，伯牙就把琴摔了，终身不再弹琴。

生：伯牙难得遇一知音，知音去世，伯牙把琴摔破，可以看出他对自己的知音钟子期很在意，可惜的是那高超的琴技从此不再问世。

生：伯牙真是个重情重义之人。即使钟子期已死，可伯牙依然想念着他。钟子期死后，伯牙竟把自己最心爱的琴摔了。可以看出，伯牙很重视钟子期这个知音。伯牙这种重情重义的精神，值得我们学习。

生：我认为伯牙做得不对。没有知音也可以继续弹琴，把美妙的琴声带给老百姓，把快乐带给老百姓，说不定他能再碰到一个跟钟子期一样的知音呢！

生：虽尊为“琴仙”，琴技如“仙”，却没有“仙”的心理，知音虽难觅，可不会没有。因知音故去而终身不复鼓，让人觉得他是在为钟子期所弹，而非真正热爱弹琴。

生：如果钟子期在天上看着他，一定不想让他这么做。我觉得伯牙应该带着钟子期的那份友情继续努力。人生苦短，应该让生活多姿多彩，为别人努力，为自己拼搏！

## 第二节　写法提炼课

教材中有不少精美的文章，其中蕴含着很多表达方法，只要教师充分发挥教材的例子作用，从教材中提炼写作方法，教给学生，学生一定会有很大收获。

如人教版四年级上册第四组课文都是写动物的文章。其中前两篇是不同作家写同一种动物，后两篇是同一作家写不同动物。学习这组课文时，可分三步进行：第一步，从品读课中习得方法；第二步，提炼单元写作方法；第三步，在习作课中加以运用。

一、品读课，习得方法

师：我们学习了《白鹅》一文，从布局谋篇方面你学到了什么？

生：总分关系。

师：从选材方面你学到了什么？

生：可以从叫声、步态、吃相等方面对动物进行描写。

师：从文章立意方面你学到了什么？

生：本文表达了作者对白鹅的喜爱。

师：文章的表达方法有哪些？

生：抓动物的特点。

生：文章采用总分结构。

生：文章采用对比描写。

生：运用比喻、拟人、反语等修辞手法。

| 课例 | 布局谋篇 | 选材 | 立意 | 表达方法 |
|---|---|---|---|---|
| 《白鹅》 | 总分 | 叫声<br>步态<br>吃相 | 喜爱 | 1. 抓特点<br>2. 总分结构<br>3. 对比描写<br>4. 比喻、拟人、反语 |

二、提炼单元写作方法

师：该单元包括《白鹅》《白公鹅》《猫》《母鸡》4篇课文，前两篇是不同作家写同一种动物，后两篇是同一作家写不同动物。下面我们来看看作家是怎样把动物写得栩栩如生、呼之欲出的。

师：动物的特点“奇”在哪里？

生：白鹅高傲。

生：白公鹅海军上将派头。

生：猫古怪。

生：母鸡慈爱、尽职。

师：你们的概括能力很强！

师：选材“新”在哪里？

生：《白鹅》一文描写了白鹅的叫声、步态、吃相。

生：《白公鹅》一文描写了白公鹅的走路姿势、平日活动。

生：《猫》一文描写了猫老实、贪玩、尽职、温柔、固执、胆小、勇敢的特点。

生：《母鸡》一文描写了母鸡孵雏前后的变化。

师：文章修辞“巧”在哪里？

生：运用了比喻、拟人、反语。

生：还有夸张。

师：文章结构“好”在哪里？

生：文章是总分结构。

师：文章情感表达“美”在哪里？

生：都表达了作者对动物的喜爱之情。

师：文章表达方法“妙”在哪里？

学生交流。

师：小组内讨论本单元有哪些写作方法。

本单元写作方法：

（1）抓特点：外形、生活习性等。（2）按顺序：总分结构。（3）用具体事例写特点。（4）恰当运用拟人、比喻、反语、夸张等修辞手法。（5）对比、细节描写。

<table>
<tr><th>课例</th><th>特点</th><th>选材</th><th>修辞</th><th>布局谋篇</th><th>立意</th><th>表达方法</th></tr>
<tr><td>《白鹅》</td><td>高傲</td><td>叫声、步态、吃相</td><td>比喻、拟人、反语</td><td rowspan="4">总分结构</td><td rowspan="4">喜爱</td><td rowspan="4">1. 抓特点：外形、生活习性等<br>2. 按顺序：总分结构<br>3. 用具体事例写特点<br>4. 恰当运用拟人、比喻、反语、夸张等修辞手法<br>5. 对比、细节描写</td></tr>
<tr><td>《白公鹅》</td><td>海军上将派头</td><td>走路姿势、平日活动</td><td>比喻、拟人、反语</td></tr>
<tr><td>《猫》</td><td>古怪</td><td>老实、贪玩、尽职、温柔、固执、胆小、勇敢</td><td>比喻、拟人</td></tr>
<tr><td>《母鸡》</td><td>慈爱、尽职</td><td>母鸡孵雏前后的变化</td><td>比喻、拟人、夸张</td></tr>
</table>

三、习作课，迁移运用

师：下面我们运用从课文中习得的写作方法来写一个熟悉的小动物。要求语句通顺，写出小动物的特点，表达真情实感。

有了方法的写作就是不一样，一篇篇个性化的作品让人惊叹。学生们写得栩栩如生，交流时都争先恐后地发言，赏评也充满了真知灼见。

读写结合种下的是一粒种子，它会在学生消化后，积淀内化为学生的语言素养，最终外化为学生的写作行为。

通过教材这个例子，引导学生感受动物的千姿百态，给学生提供习作方法的借鉴和创造的依据，从而使学生的语言运用成为有源之水、有本之木。

四年级学生刚接触写小动物的文章，由于平时缺乏观察和积累，所以写起来会比较困难。教师可提前布置学生去观察、体验，触发他们的灵感，使他们形成真切的感受和独到的见解，并引导学生把观察所得记录下来作为写作的一手材料。有了细致的观察，学生会产生丰富的想象，会有深入的思考，不仅为语言表达奠定了基础，解决了写什么的问题，还激发了写作兴趣，培养了留心观察周围事物的习惯。

不过，有了素材并不等于会写文章了，有的学生虽然观察了小动物的外形及活动情况，但方法掌握不到位，常常在写作时重点不突出。为了让学生写出重点突出、有真情实感的文章，我以教材为例，引导学生掌握写作方法，并学会迁移运用，这样学生写起作文来就会得心应手。

## 第三节　主题习作课

教材中每个单元后面都安排了单元主题习作训练，根据训练要求，让学生提前准备习作素材，采用“读思议说”四步习作教学法，解决学生习作难的问题。

“读思议说”四步习作教学法根植于学生的阅读和生活，以口语表达为突破口，实现阅读、生活与写作的结合。具体来说，就是声情并茂地“读”、聚精会神地“思”、七嘴八舌地“议”、畅所欲言地“说”。习作课堂实施主要包括以下几个环节。

1. 习作准备。提前告诉学生习作要求，让学生观察、搜集相关素材，做好充分准备。

2. 读。学生在小组内交流自己在阅读和观察生活中搜集到的资料。

3. 思。思考文章的选材、立意、布局谋篇等。

4. 议。讨论交流本单元的写作方法。

5. 说。说选材立意、说设计提纲、说文章题目、说习作内容、说评价。

6. 写。动笔写作，修改完善，写评语。

### “我喜欢的小动物”习作教学设计

【教学目标】

1. 学会按一定顺序观察小动物，调动观察、思考和练笔的积极性。

2. 能真实、具体地写出小动物的外形特征和生活习性。

【教学重难点】用具体的事例写出动物的特点。

【课前准备】观察动物的外形及活动，搜集相关资料。

【教学过程】

一、激情导入

师：同学们，在我们刚学过的第四组课文中，我们知道了动物是人类的朋友，它们与人类的生活息息相关。古今中外，有许多作家都赞美过它们，歌颂过它们。今天，让我们一起走进那多彩的动物世界，去感受一下动物的魅力。学习写一种“我喜欢的小动物”。

师：请看习作要求，让我们慧眼识文。

二、习作要求

写一种自己喜欢的小动物，用事例把动物的特点写具体。也可以写自己和小动物之间发生的趣事，要表达出自己的真情实感。题目自己定。

1. 审题

师：习作要求提醒大家注意什么？看看谁是火眼金睛，能快速找出蕴藏在文字里的小秘密。你发现了什么？

师：看到一段文字，你能读得这么流利、正确，真不简单！谁来交流一下你发现了什么？

交流：喜欢的小动物，用事例，特点写具体（就是抓特点），自己和小动物之间发生的趣事，真情实感。

师：你抓住了一个主要信息“特点”，真好！“用事例”是关键词，就是不要空谈，小动物的特点要通过具体的事例表现出来。“真情实感”这一点很重要。还有补充吗？

师：你知道抓动物的什么特点吗？（预设：外形、生活习性）生活习性包括哪些方面？（预设：脾气、性格、进食、玩耍、睡觉、叫声、动作、活动等）

师（小结）：你们理解得真不错，能迅速地捕捉到习作要求中的重要信息，这是一种很好的阅读能力。加下划线的部分是重点，请大家齐读一下。

2. 明确动物特点

师：你喜欢什么小动物？为什么喜欢它？怎样抓特点？

预设：温顺的小兔子、会说话的鹦鹉、笨拙的乌龟、忠实的狗、可爱的猫。

3. 选材方法

师：确定动物的特点后，怎样选材呢？

预设：围绕特点选材。

师：说得真好！真聪明！

师：谁能说说你是怎样围绕特点选材的？比如，小兔子温顺，你准备选什么材料？（进食、休息）

预设：小猫淘气，选它的活动；小狗贪吃，选进食的事；鹦鹉会说话，选它与人聊天的事……

师：我们学会了从小动物的生活习性中找特点，围绕特点选材料。那么描写小动物的外形时要注意什么呢？按顺序或抓特点。这是我在布置课外观察时告诉你们的。观察外形有几种顺序？（两种）哪两种？（一是从整体到部分，二是从头到尾）

师：如何把动物的特点写清楚呢？课前老师让你们观察了小动物，并搜集了与小动物有关的素材，现在请你回忆一下，小动物的哪些特点触动了你的心灵，让你难以忘怀？

师：你准备怎么写？怎样构思文章？

三、选材立意，布局谋篇

| 我用动物的什么事介绍它的什么特点 | 表达什么情感 |
|---|---|
| | |

| 开头 | 重点部分 | 结尾 |
|---|---|---|
| | | |

师：你那直直的身板、自信的眼神告诉我，你已经考虑好了。考虑好的同学在小组内交流一下，看看在交流中是否能受到启发。

学生交流。

师：同学们思维敏捷，短短的时间就构思好了，并且思路清晰。

师：下面再想一想，怎样才能把动物写得鲜活、生动、具体，打动读者呢？

四、回顾方法，迁移运用

师：回顾一下本单元我们学习的写动物的文章，都运用了哪些写作方法？

第四单元的主题是“作者笔下的动物”。

课例：《白鹅》《白公鹅》《猫》《母鸡》，前两篇是不同作家写同一种动物，后两篇是同一作家写不同动物。

师：作家是怎样把动物写得栩栩如生、呼之欲出的？我们来回顾一下他们的写作方法。

（1）动物的特点“奇”在哪里？（白鹅高傲，白公鹅海军上将派头，猫古怪，母鸡慈爱、尽职）

（2）选材“新”在哪里？（白鹅的叫声、步态、吃相；白公鹅的走路姿势、平日活动；猫老实、贪玩、尽职、温柔、固执、胆小、勇敢；母鸡孵雏前后的变化）

（3）文章修辞“巧”在哪里？（比喻、拟人、反语、夸张）

（4）文章结构“好”在哪里？（总分结构）

（5）文章情感表达“美”在哪里？（喜爱之情）

（6）文章表达方法“妙”在哪里？本单元有哪些写作方法？（小组内讨论）

本单元写作方法总结：

（1）抓特点：外形、生活习性等。

（2）按顺序：总分结构。

（3）用具体事例写特点。

（4）恰当运用拟人、比喻、反语、夸张等修辞手法。

（5）对比、细节描写。

师：这些都是我们从课本中学到的写作方法，我们可以灵活地运用到自己的写作中去。同学们掌握得很扎实，大家齐读一下。

师：除此之外，你还知道哪些描写动物的方法？（衬托描写、正面描写、侧面描写……）

师：今天，我们就利用这些方法，学着把动物的特点写具体、写生动，表达出真情实感。

温馨提示：写作时说真事、说真话就好，要做到事例具体、特点突出、修辞巧用、细节精彩。

师：我想，此时此刻，你们一定心潮澎湃，思绪万千，有许多心里话要表达，就让我们进入“演播大厅”，敞开心扉，畅所欲言吧！

五、口述习作

1. 口述要求

口述最精彩、最感人的部分，用事例把动物的特点说具体，口述要有感情。一人口述，其他人认真倾听，边听边做记录，以备赏评用，发现问题，相互纠正、补充。

2. 明确要求

师：谁来读一读口述要求？口述要求告诉我们要注意什么？

师：你读得流利、正确，很不错！

交流：最精彩、最感人的部分，特点说具体，有感情，边听边做记录，纠正、补充。

师：同学们能迅速抓住要点，了不起！

师：加下划线部分是重点，用自己喜欢的方式读一下，根据你的理解，读出你的感受。

师：同学口述习作后，你们的任务是什么？（赏评）你们的赏评会让同学的习作锦上添花。应该从哪几个方面赏评同学的习作？结合习作要求想一想，把你的“金点子”奉献给大家。

赏评方法：从选材、语言、内容、修辞手法、抓特点、表达真情实感等方面赏评。

3. 小组口述

师：下面给大家 5 分钟的时间，在小组内口述，看看谁说得最精彩、最打动人。

师：刚才我转了一下，绝大部分同学都口述完了。学习要讲究速度，这也是一种能力的表现。同学们刚才在小组内说得很热烈、听得很认真、评得很到位。下面谁愿意和全班同学交流一下，可以说你构思好的重点部分，也可以说你构思好的开头、结尾。如果你觉得你构思的全文不错，也可以说全文。

4. 全班口述

学生交流、赏评。

师：很高兴你们与大家分享有趣的动物故事，从中我感受到了不同的动物各有不同的特点。你们交流的习作有的语言幽默，有的还运用了反语，把动物的特点表现得淋漓尽致，字里行间洋溢着喜爱之情。看来你们已与动物们结下了不解之缘。让我们拿起手中的笔，将它永远封存在记忆里吧。

特别提醒：同学们刚才说得很精彩，内容具体，细节生动，表达了真情实感，突出了动物的特点。值得注意的是在语言、用词等方面，还需要细心琢磨。同时根据老师、同学的建议，丰富、完善你的习作。相信你会有新的收获！

师：下面给大家 5 分钟的时间，字数不限，能写多少写多少，看谁写得最精彩、最动人。

六、妙笔生花

注意写字的姿势：头正、肩平、足安。

教师巡视，发现问题及时纠正，及时发现好的作品。

师：你们写的时候，我仔细观察了一下，并在写得好的习作旁打了勾，打了勾的同学请站起来交流一下。

七、赏读赏评

学生读。

师：这节课我们已经开了个好头，下节课把它继续写完。下面我们来盘点一下收获。

(1) 按顺序观察；(2) 如何选材；(3) 按顺序写作；(4) 怎样把习作写生动，把动物写活泼、写形象；(5) 用事例表达特点……

师：这节课我们收获很多，学会了观察的顺序，学会了怎样抓动物的特点，学会了如何围绕特点选材，学会了如何把特点表达出来。

## 第四节　口语表达课

叶圣陶先生明确指出："写文章跟说话是一回事儿，用嘴说话叫作说话，用笔说话叫作写文章。嘴里说的是一串包含着种种意思的声音，笔下写的是一串包含着种种意思的文字，那些文字就代表说话时候的那些声音。"朱永新教授说过，"说"有四大妙用：以说促想、以说练听、以说带读、以说助写。

读写之间"说"为桥，以"说"架桥，深化阅读，引导写作。它连接起内心与表达、阅读与写作、生活与感悟。

## 一、读写之间“说”为桥

要想写好作文，首先要说好作文，说这一基本功需要不断训练。那么，如何进行口语训练呢？读思议说课程，将听、说、读、写融为一体，把听纳入说中，以说架起读和写的桥梁。这个课程以自我教育为核心，通过共情生活、艺术观察、智慧倾听、逻辑阅读、哲学思考、精准表达、优美书写七种“武器”，实现深化阅读、精练口才、轻松写作。以强化说写技能为抓手，为学生赋能，为家长分忧，为教师助力，在塑造学生人格、经营现代家庭、提升教师幸福感上，均显示出非凡效果。

该课程以七种“武器”为抓手对学生进行科学写作技巧训练和创造性思维培养，从提升写作技能入手，实现人格的塑造与发展。下面重点谈谈如何进行精准表达。

有人认为，作文就是心里想什么说什么，这只是简单的说。这时句与句之间的联系并不紧密，通常是松散跳跃式的。作文不是单句的罗列，需要有篇章结构。也就是说，要把跳跃式的语言组成一篇有条理且中心突出的文章。把相关语言进行重组，才能形成一个完整的篇章，这靠的是学生的思维能力。这就需要加强训练。

大多数学生能说出好句子，却难以说出好文章。他们需要激发，需要引导，需要协助。七种“武器”能引导学生说出想说的话，激发他们联系生活实际进行思考，有了思考的说，完成文章就不再是难事了。

口语训练是一个有趣的循环渐进的过程。自一年级开始，我在班里尝试开展口语训练，学生进步非常明显。下面介绍一下我的几点做法。

1. 要想告状先学说

低年级学生爱告状，总是急匆匆跑来跟老师说谁谁谁怎么了，但常常话说不清、说不完整。为了让学生学会叙事，我让学生每天先把自己觉得最快乐的事情写下来和老师分享。为此，我在班上设了一个“心语开心屋”，让学生把自己觉得今天最开心的事情写下来放在里面。比如，今天我学会了跳绳，今天我被老师表扬了，今天我帮助了谁，等等。类似这样写有开心事情的纸条到放学时会有很多。放学前 5 分钟，我跟大家一起分享这些开心的事。抽到谁的纸条，就请谁上台来向大家介绍一下具体的情景。要求把事情讲清楚，跟大家一起分享快乐。这样一来告状的人少了，全班都朝向积极的方向前行，二来还提高了学生的语言表达能力。

2. 发言也有小窍门

上课发言，是口语训练一个很好的切入点。教师应该特别注意训练学生发言的完整性。

大部分学生发言时，通常情况下答案并不是完整的，只能说到其中的一个方面。这时，教师需要提示学生："回答得很好，但这只是其中的一个方面，还有谁有补充?"等到学生们把几个方面都说完整后，请一名学生完整地表述，再请其他同学复述，使学生对问题有完整的理解。接下来请其他同学给这些回答问题的同学评分。

如此一来，学生一方面学会了倾听别人的回答，另一方面又从老师的角度来评价审视，等到自己发言的时候就会特别注意。学生的发言规范了，其口头作文的逻辑性、完整性也会随之增强。

3. 人人都是演说家

从三年级开始，我训练学生讲故事。每天语文课前3分钟，学生轮流讲故事。我要求学生用自己的语言把故事讲出来，而且要讲清楚事情发生的脉络，不能太细，也不能太啰嗦，限定时间是3分钟，要求学生自我锤炼语言。这样可以让口头作文训练增加密度，增加强度。

4. 口头作文勤训练

有些课文内容本身就强烈地吸引着学生，加上教师的引导，更能激发学生的兴趣，在这一过程中训练学生进行口头作文，自然效果显著。

在这样的训练中，学生飞速成长着。现在学生的口头作文常常让我惊叹。学完"生命"单元后，我让学生以《我对生命的理解》为题进行口头作文，有的学生能够即兴说出这样的思考："在浩瀚无垠的宇宙中，地球只是小小的一粒沙子，而对于地球来说，我们也像蚂蚁一样渺小。但不管是无边的宇宙、转动不息的地球，还是独一无二的我们，生命都只有一次……所以让我们善待自己，不轻易否定自己，同时善待我们身边的一切。因为生命对于谁来讲都很可贵!"

学完《触摸春天》后，我让学生以《我眼里的春天》为题进行口头作文，有的学生能够表达出这样的感慨："在我眼里，春天是淅淅沥沥的小雨；在我眼里，春天是春雨滋润下努力伸展的嫩芽；在我眼里，春天是爬满枝头的樱花；在我眼里，春天还是那田野里一片片金黄的油菜花。在我眼里，春天是苏醒的季节，是孕育希望的季节。在这春天里，我也要努力伸展，努力向上，为我加油吧!”

学了《生命　生命》一课，就连班上基础特别薄弱的学生也口述出了一篇《生命》。“人活着总要做点什么，如果什么都没有留下就死去，那就只是像一阵风吹过，很快就消失了……你在死前主宰了自己的命运，干了自己想干的事情，实现了自己的价值，那么你就不是一阵风，也会死而无憾了。我也要做那只蚕，努力活出自己的精彩，而不是事事等人安排。”

我们的教育，最终要教会学生用各种方式来表达自己，无论是用文字还是用语言。在口头作文训练中，可以让学生学会精准地表达，挖掘生命的潜能。

5. 微信群里故事多

我常常给学生留一项作业——口头作文录音。让学生将口头作文录音，通过微信发送给我。学了《奇思妙想》一文后，我让学生仿说，第一个发过来的是浩。我喜欢浩的口头作文，像一首小诗，充满美好的幻想：“未来有这样一件衣服，可以自动清理污渍，夏天很凉快，冬天很温暖，无论什么天气，它都会为你‘保驾护航’。衣服上的图案还可以随时按照你想象中的花样进行变化，衣服的式样也会随着潮流而改变……”

静静地听完浩的口头作文，我迅速回复：“说得非常好，语言流畅，表达清楚，为你点赞。”

不一会儿，我收到了浩妈的回复：“李老师，浩因为遇上了您这样采用独特教学方法的老师才能取得这样的进步，我感觉他在您的引导下渐渐有了读书的兴趣。以前浩的默写基本是‘全军覆没’，虽然他现在还不算优秀，但是我感觉他在慢慢进步。”

我高兴地回答：“孩子的进步是我最大的幸福。”回复后，我把浩的录音，转发到群里共享，并在群里大大表扬了他一番。

这天我陆续收到43份口头作文录音，我一一聆听、保存、回复，被幸福包围着。

越是美好的事物，越需要与人分享。这些年来，我除了和学生们分享美好，还和妈妈们分享美好。长此以往，大家成了乐于分享的姐妹，晒晒自己的幸福，吐露自己的心声，相互关心，相互鼓励，其乐融融。

于是，关于口头作文的研讨，从教室里延伸到家庭里，不间断地进行着：

我：爱听表扬是人类的天性，一句真诚的夸奖不但能让人心情愉悦，而且能让人鼓起生活的勇气。在学习、生活中，你一定得到过别人的夸奖吧？快说一说吧，一定要说清楚，什么时候，因为什么事情，谁怎么夸奖你的，听到夸奖你的心情如何。这是今天的口头作文。

彤彤妈：彤彤刚才还问我今天的口头作文是什么，真是“及时雨”啊！

涵涵妈：我们在外面刚往回走，涵涵在车上做了口头作文。

彤彤妈：因为彤彤不认识字，口头作文前，我会在黑板上把一些关键要素画出来，让她想好之后再说，整个过程，她觉得像在做游戏，所以积极性很高，特别是得到李老师的表扬后，说得更来劲了。

我：这是个好办法，就像思维导图一样。

彤彤妈：相信经过一段时间的练习，小朋友们的表达能力会越来越好。

现在，这些妈妈们竟然自行组织起来，在微信群进行口头作文打卡记录，她们已经沉浸其中，乐此不疲。

要想让学生说得精彩，必须先让他们的学校生活更加精彩。因此，我努力让我的语文教学、作文教学内容更加丰富，课堂更加开放。

秋天，在白露为霜的季节里，我带着学生到处寻找、欣赏它们的风姿。等这些白色的精灵将校园的操场铺满时，我们就在这个天然的纯白色的大画板上作画，然后即兴口头作文。

冬天，在白雪飘飘的季节里，我带着学生到学校小花园的僻静处，滚雪球、堆雪人，在雪地上用身体书写一个大大的“大”字，用脚在雪地上踩出各种造型。

春游时，我们坐在公园的小树林中聆听大自然……

## 二、口语训练小妙招

在口语训练中，我总结了一些小妙招。

1. 让父母成为助教

“一个好汉三个帮”。让父母成为助教，口语训练的效果会事半功倍。父母当助教，主要是监督孩子完成口语训练，帮助其形成习惯。如果父母在外打工，能成为助教吗？能。在外打工的孙泽雨妈妈说：“孩子的口语作业都是她在电话里跟我说的。刚开始孩子不愿意说，总想着玩，几次坚持下来孩子就没有那么反感了，现在口头作文能坚持说 3 到 5 分钟……”我趁热打铁在群里发了一则消息：“不在家的爸爸妈妈们，可以像孙泽雨妈妈这样，打电话回家让孩子说，这样不仅可以了解孩子的学习情况，还可以更好地和孩子沟通交流。”我一边树立榜样，一边提出要求，得到了很多家长的认同。

爷爷奶奶能成为助教吗？也能。在班级中，有几个学生的父母都不在家，爷爷奶奶担负着照顾孩子的职责。我利用家长会对爷爷奶奶们说：“您没办法指导孩子，但是您可以关注他，问问他老师要求今天说什么，让孩子说给您听。如果孩子哪句话说得好，您要告诉他的爸爸妈妈：‘孩子今天有句话说得特别好……’想想看，孩子听了是不是很开心，说的劲头更大?”爷爷奶奶们听了我的话，积极地行动起来。

孩子害怕说不好时，助教怎么帮孩子？针对这个问题，我把方法教给我们班的父母：①鼓励孩子开口，经常与孩子交流。②及时把孩子说得精彩的话记下来。如果孩子说得不流畅，就记下大意，理顺后给孩子读一遍，问他：“你说的是这个意思，对吗?”③隔一段时间把孩子说得好的句子再读给孩子听，并告诉孩子：“你这句说得真棒啊!”

2. 评价反馈兴趣高

学生敢开口后，我就及时进行评价反馈，让学生对口语训练有信心、有兴趣。针对不同学生的口语训练情况，我的评价也不一样。

一家人一起读书，就变成了最富有的一家子。(美好期待型)

马跃现在说话越来越清晰、有条理了。(冷静分析型)

娄博涵的口语表演有模有样，那气势，简直像个小主持人。(回味鼓励型)

史峻赫，你也可以像李孟涵一样读很多书呀！如果你把自己读过的书再读给弟弟听，你会变得更加富有。(指导进步型)

我们的父母会及时把老师的评价给孩子们看。有父母反馈："每次完成口头作业后，我都会鼓励和表扬孩子，还会把您的评价告诉他，他很高兴。"老师的评价鼓励着学生从敢说逐渐变成乐说，从完成任务的说变成形成习惯的说。

3. 道具刺激有奇效

我发现低年级学生不会倾听，尤其是当同学发言的声音较小时，他们就失去了倾听的耐心。为解决这个难题，家长委员会帮班级买了无线话筒。

无线话筒的使用激发了学生的表达欲望。那些原本就大方的学生，因为有了话筒，主动寻求机会展示自己。那些平时比较腼腆的学生，听到自己的声音从话筒里传出来，感到很兴奋。我趁机告诉他们要大胆地表现自己。

每个学生都喜欢听到自己美妙的声音从话筒里传出来。仅仅几天的时间，学生读书、说话就有了精气神。

更奇妙的是，原来"不敢说的学生遭遇不肯听的学生"的现象消失不见了，即使话筒前面的那个学生一时没想好怎么说，其他人也愿意耐心等待。

## 三、学生在成长

口语训练在班级实施得非常顺利，学生的口语表达比以前生动了许多，条理清晰了许多。我班学生的语言表达能力得到了整体提升。

1. 老师眼中的进步

一次，我在4个班教学同一个绘本故事《小蛇散步》，布置了同一个说话内容："圆滚滚的小蛇继续去散步，还会遇到什么有趣的事?"一班，即使是猜故事情节，也没几个学生举手回答问题；二班，部分学生回答问题很积极，但大部分学生只是观众；三班，愿意回答问题的学生很多，但是场面混乱，谁也不愿意听别人说话。四班，也就是我们班，学生能完整地回答问题，在交流讨论环节，学生围坐在一起，互相讲述自己创编的故事，积极性很高。而且，我们班的学生在发言时，各有各的想法，即使出现同一类型的续编，也会在细节上进行处理，成为属于那个学生自己的故事。就连教学经验丰富的刘老师都由衷地说："李老师班上的学生说话能力强很多啊!"同样是一年级，口语训练让我们班的学生更自信、大方。

2. 父母看到的成长

口语训练对学生语言表达能力的培养成效，父母们最有发言权。

邱子涵爸爸：通过这段时间的练习，邱子涵的口语表达能力有明显提高，有时可以说出让人意想不到的词或句子，能把学过的好句子用在作文里，训练效果不错。

李好妈妈：李好每天都在练说，以前需要引导她才说，现在已经能自己很流利地说了。李好的语言组织能力提高了很多，现在完全不需要我们提示就能很轻松地完成口头作文，有时候也会说出一些生动的句子。

柳絮妈妈：一般都是柳絮说，我用笔记在本子上。大概需要5分钟，之前需要我们指导，现在她能够自己完成了。

通过父母们的反馈可以看出，经过两个多月的口语训练，学生普遍变得敢说、会说了。我相信，只要坚持说，学生会说得更好。

如今，口语训练对我来说已经成为像吃饭、读书一样自然的事情，学生的表达能力通过口语训练也产生了质的飞跃。

说和写之间还有一定的差距，在说的过程中，某些遣词造句、细节描写、场面描写等不一定那么精彩，但必须"出口成章"，而写有思考的余地，因此，写是说的升级版，写下思考比说出思考更重要。那么，如何写出好文章呢?

## 第五节　细节精彩课

如何写出好文章呢？除了多读、多观察、多体验、多感悟、多思考外，还要有一定的技法。打个比方说，散乱的珍珠不是很好看，但是，如果用线串起来，那就变得精美了，这条线就是我们所说的技法，珍珠就是我们的阅读和生活素材。

### 一、于细节处见精彩

何为细节描写？所谓细节描写，就是指抓住生活中细微而具体的典型情节以及人物的某些细微的举动、言行等，加以细致的描写的一种描写方法。它具体渗透在对人物、景物或场面的描写之中。

具体到不同的年级，写作训练要求不同。

如一年级，训练写一句话，可以通过问题引导学生：谁或什么，干什么或怎么样？帮助学生检验自己说的话是否完整。

训练二年级学生写一段话，可以让学生围绕中心句或总起句来写。或先总后分，或先分后总，要对中心句进行“增肥”，如写“花园真美丽”，就要引导学生观察从哪些地方可以看出花园很美丽，花园的整体布局如何，有哪些种类的花，花的形状、颜色、气味是怎样的，然后把看到的、闻到的、感受到的写出来。

一般低年级进行句段训练，中、高年级进行写作训练。如何把一段话变为一篇文章呢？那就是加故事情节、加细节。

一至六年级的写作训练要求如下。

一年级：写一句完整、通顺的话。

二年级：将一句话变成一段话，围绕中心句或总起句、过渡句，用具体的事例，给这句话“增肥”。

三年级：给一段话加故事情节、加细节，使之变成一篇文章。

四年级：在三年级的基础上，在立意、情感体验方面增加深度。

五、六年级：选材有个性，立意有深度等。

苏教版五年级上册《滴水穿石的启示》一文中有这样一段话：

明代著名医药学家李时珍，从小立志学医。他翻山越岭，走遍了大半个中国，访名医，尝药草，经过二十几年的不懈努力，终于写成了药学巨著《本草纲目》。

怎么给这段文字“增肥”，使内容更具体呢？可以这样引导学生。

（1）李时珍翻山越岭，走遍了大半个中国，他遇到了哪些困难？是怎么克服的？（不小心摔倒了，头上、胳膊上、手上、腿上都受伤了；鞋子磨破了，脚上磨出了血泡……）

（2）访问名医遇到了什么困难？他是怎么克服的？（从语言、动作等方面来写）

（3）品尝药草时，遇到有毒的药草，他怎么想的？就此放弃了吗？

（从心理方面来写）

（4）遇到不认识的药草，他是怎么做的？（查阅资料，请教名医，白天采药、尝药，晚上在灯下记录，日复一日，年复一年，他收集到了第一手鲜活的资料）

这其实就是文章的重点部分。这样一“增肥”，文章就生动、形象了。

一篇文章一般由三部分组成：开头、重点部分、结尾。有了重点部分，再加上开头、结尾，就是一篇完整的文章。开头：可以介绍人物李时珍。结尾：把经验写成了书《本草纲目》。

需要注意的问题有以下几点。

首先，三年级的习作，是由段到篇的过渡阶段，也是起始阶段，教师一定要引导好。起步阶段打好基础，后面就省事多了。

其次，文章的重点部分要写详细。可以写一段话，也可以写几段话。刚开始练习时，还是用三段式比较好。

其实，教材中有很多这样的例子，只要我们在教学过程中细心一点儿，注意引导学生总结提炼，习作方法的习得便不是问题。

## 二、教材中细节描写

1. 人物的语言、动作、心理细节描写

如人教版六年级上册《詹天佑》一文中的片段：

詹天佑经常勉励工作人员，说：“我们的工作首先要精密，不能有一点儿马虎。‘大概’‘差不多’这类说法不应该出自工程人员之口。”他亲自带着学生和工人，扛着标杆，背着经纬仪，在峭壁上定点、测绘。塞外常常狂风怒号，黄沙满天，一不小心还有坠入深谷的危险。不管条件怎样恶劣，詹天佑始终坚持在野外工作。白天，他攀山越岭，勘测线路；晚上，他就在油灯下绘图、计算。为了寻找一条合适的线路，他常常请教当地的农民。遇到困难，他总是想：这是中国人自己修筑的第一条铁路，一定要把它修好；否则，不但惹那些外国人讥笑，还会使中国的工程师失掉信心。

语言、动作、心理的细节描写，表现出詹天佑的认真负责、精益求精以及爱国思想，将人物形象生动地展现在读者面前。

2. 心理细节描写

如人教版六年级上册《穷人》一文中的片段：

她忐忑不安地想："他会说什么呢？这是闹着玩的吗？自己的五个孩子已经够他受的了……是他来啦？……不，还没来！……为什么把他们抱过来啊？……他会揍我的！那也活该，我自作自受……嗯，揍我一顿也好！"

这段心理描写表现了桑娜乐于助人而又无奈的状态。

3. 动作细节描写

如人教版四年级上册《蟋蟀的住宅》一文中的片段：

蟋蟀盖房子大多是在十月，秋天初寒的时候。它用前足扒土，还用钳子搬掉较大的土块。它用强有力的后足踏地。后腿上有两排锯，用它将泥土推到后面，倾斜地铺开。

这段动作描写表现了蟋蟀的勤劳和不辞劳苦的精神。

4. 修辞手法的细节描写

如人教版四年级下册《桂林山水》一文中的片段：

我攀登过峰峦雄伟的泰山，游览过红叶似火的香山，却从没看见过桂林这一带的山。桂林的山真奇啊，一座座拔地而起，各不相连，像老人，像巨象，像骆驼，奇峰罗列，形态万千；桂林的山真秀啊，像翠绿的屏障，像新生的竹笋，色彩明丽，倒映水中；桂林的山真险啊，危峰兀立，怪石嶙峋，好像一不小心就会栽倒下来。

文中运用了对比、比喻、排比的修辞手法，把桂林的山写得生动形象，赋予了其生命色彩。

5. 神态细节描写

如人教版五年级上册《青山处处埋忠骨》一文中的片段：

秘书将电报记录稿交主席签字的一瞬间，主席下意识地踌躇了一会儿，那神情分明在说，岸英难道真的不在了？父子真的不能相见了？主席黯然的目光转向窗外，右手指指写字台，示意秘书将电文稿放在上面。

这段神态描写表现出了主席的悲痛。

6. 外貌细节描写

如人教版六年级下册《十六年前的回忆》一文中的片段：

在法庭上，我们跟父亲见了面。父亲仍旧穿着他那件灰布旧棉袍，可是没戴眼镜。我看到了他那乱蓬蓬的长头发下面的平静而慈祥的脸。

这段外貌描写表现了父亲视死如归、大义凛然的精神。

通过对以上这些教材中的细节描写片段的分析，我们发现，记叙文中的细节描写令人叹服，正所谓“虽是毫末技艺，却是顶上功夫”。

细节就像人体的细胞，给人增加活力和生机，写作也一样，没有细节描写，文章就没有生命力。

写作是为了表达内心的感受，如果学生的写作是为了完成老师布置的作业，那么写的文章常常没有真情实感，更没有章法，只是堆砌事例，这样，学生永远体会不到写作的快乐。

## 三、鼓励自我表达

语文新课标指出，写作是为了自我表达和与人交流。如果学生不懂这些，就不知道写作的方向在哪里，如果在他们眼里，写作只是作业，他们就永远享受不到写作的快乐和幸福感。

那么，怎样引导学生自由表达呢?

有一个家长教育孩子的方法简单粗暴，稍有不顺，不是打就是骂，孩子厌恶这种生活方式，在日记中写下了这样一首诗来表达自己的心情：

我的生活就像天地的变化，
天是我爸爸，地是我妈妈。
只要天一黑，就是爸爸在骂我，
只要地一震，就是妈妈在打我。
可以打，可以骂，
我像一棵光秃秃的小草！

后来，孩子的爸爸看见了这首诗，于是赶紧跟孩子的妈妈商量如何改变一下对孩子的教育方式。从此这对父母变了，开始弯下腰来跟孩子说话，学会耐心倾听孩子的心声了，家庭逐渐变得和睦了，孩子感到了幸福，于是又写了一首诗来表达自己的感受：

天是我爸爸，地是我妈妈，
只要天空蔚蓝，就是爸爸在夸我，

只要大地青青，就是妈妈在爱我。

有人爱，有人夸，

我的生活就像天地的变化！

这是自我表达，其中的体验是别人无法代替的。来看看下面这个学生写的日记吧。

2016 年 2 月 9 日　星期二　晴

过年时我家可热闹了，人来人往，络绎不绝。但是，有一个人让我心里很不爽，这个人就是我“狡猾”的妈妈。

她除了给客人发红包外，什么都不干，只是吃、喝、玩、乐、睡。她让爸爸洗碗，说什么“公洗”发财。其他事也都让爸爸干，说：“过年就是要一家之主做事。”

要是我以后摊上这么一个老婆，该怎么办呀？唉！不想那么多了，还是多吃点好吃的压压惊吧！

这个学生先进行了观察，然后通过人物的语言、动作等描写展现了过年时爸爸妈妈的活动，最后写了自己的想法，这也是自我表达。

如果学生懂得了写作是为了自我表达和与人交流，掌握了一些细节描写的方法，那么，写作就不再是一件难事。教师要充分激发学生的写作兴趣和表达欲望，让学生想写、乐意写，不吐不快，这样，我们的教学才能达到目的。

## 第六节　写作训练课

说最终服务于写，落实在精准的表达与优美的书写上。要实现这一目标，仅仅靠教材中的几次主题习作训练是远远不够的，还要通过多种方式的大量练笔，使学生掌握各种文体的写作方法，这样学生才能写得血肉丰满，才能真正诠释语文新课标提出的“写作是为了自我表达和与人交流”。因此，我指导学生进行了多种形式的练笔，成效显著。

### 一、真诚告白

写错别字是令学生很头疼的事，每次听写都有学生写错别字。即使让学生将写错的字词抄写多遍，下次听写仍然会写错。怎么办呢？我计上心头，让学生向错别字道歉，学生通过写道歉信、分析写错的原因，就会记住这个字，下次再写时就不会写错了。来看看学生写的道歉信吧。

向“魁”和“魅”字道歉

隋松瑞

我很粗心，一不留神就把“魁”字和“魅”字搞乱了。“魁”“魅”两位大人，鄙人天天与你们打交道，却把你们的名字叫乱了，失礼了。今天，我怀着无比真诚的心向二位大人道歉，请二位大人原谅粗心的我。

给“兵”字的信

邱　添

亲爱的“兵”先生，我们天天相见，为什么每天见你都不一样呢？我总是无情地锯掉您的一条腿，这是多么残忍啊！我想您一定很生气，请原谅我的无知。

“兵”先生，我经常把您同“乒”和“乓”比较，从此，它们侵占了您在我记忆中的印象，把您从我的记忆中踢了出去。真对不起！

“得”消消气

郇　好

亲爱的“得”，对不起，由于我粗心大意，经常让你无家可归。都怪我总是记不住，乱用“de”，让本来属于你的位置，被“的”和“地”给占了，使无处可去的你常常躲在角落里悄悄抹眼泪……

“得”，对不起，不过你放心，我现在又好好重新认识了你，不会再认错了。希望你以后可以好好回到工作岗位上，尽显你的风采，请你一定要原谅我哟！

真诚的道歉

庄子阳

“漾”先生，真是对不起您，我总是破坏你本来的面貌，给你做整容手术，左添一笔，右加一画，让你面目全非。“漾”先生，对不起，我老是让你戴顶草帽，让你原来碧波荡漾的意境全失。“漾”先生，请你用大海一样宽阔的胸怀包容我的过错吧。

忏悔书

李 洋

“德”，你好，相信你对我已经很熟悉了吧。虽然你认识我，但我对你从不曾关心过，把你端端正正的“十”字头写成了“士”字头。对不起，我当时只是随便看了一眼，没有正确地认识你，才把你婀娜的身材写成了这样，实在对不住了！

向错别字告别

陈 阳

“幕”字，我应该和你说一声对不起，多少次一写到你，我就不知道该如何下笔。天天跟你打交道，我对你还是不熟悉，真是太不应该了。每次写你时，左思右想，却总想不起你的面容，一下笔就错，你一定很生气吧，我以后不会重蹈覆辙了。

尊敬的“滩”字，你好！见了一面，我又把你给忘了。“又”字写成了“土”字，我的记性太差了，原谅我的过错吧，这次我一定把你的样子牢记于心。

——姜亚楠

“啄”字啊，我怎么就把你光辉的形象写错了呢？那一点就是你的尾巴呀，鸟儿哪能没有尾巴呢？愿你的形象铭刻在我心中，成为抹不去的永恒！

——高博宇

健康的“康”啊，你是人人关注的字，人们都希望自己及家人健康。我怎么就把“广”字头写成“疒”呢，难道是希望自己不健康吗？我真是有眼不识泰山，把你的名字写错了。我一定吸取教训，让自己永远健康！

——侯雯皓

“蠢”字啊，我真是有些愚蠢，你的样子很好记，上面是个“春”字，下面是两个“虫”字，我非得把你写成三个“虫”字，唯恐春天树上的虫子少。以后，我一定记住你，不再把你写错了，让愚蠢远离我。

——宋雯宇

这样一来，再写这些字时，绝大部分学生都不会写错了。写道歉信的过程就是记住字形的过程，因为有了自己的思考，识字对学生来说变得不再枯燥，而且锻炼了学生的写作能力。

## 二、亲子对话

现在的学生大多是独生子女，加之与家长越来越有代沟，其心门越来越紧闭。怎样让他们敞开心扉，接纳家长的建议，与家长进行交流呢？于是，我想到了心灵对话活动——让每个家长以第一人称给孩子写一封信，可以写自己的求学生活、工作困惑、亲子隔阂、生活压力、对孩子的期待等，然后让孩子写一封回信。在写信的过程中，很多家长和孩子进行了友好的交流。

给孩子的一封信

亲爱的儿子：

你近期的学习情况如何？爸爸平时比较忙，很少陪你写作业、读书，陪你一起成长，对此爸爸很愧疚！但是我依然相信你的期末考试成绩不会让爸爸失望，因为在爸爸的心中你是最优秀的。

因为不能时时陪在你身边，所以，爸爸想在这里给你提点建议。

第一，爸爸希望你是一个尊老爱幼、尊敬师长的孩子，因为这是中华民族流传几千年的美德，只有尊敬他人，你才会受到同样的尊敬。

第二，爸爸希望你有一个快乐的童年，望子成龙是家长们的共同愿望，希望孩子学习优秀、出类拔萃，是很自然的念头，所以就有了各种特长班、学习班。但是我尊重你的意见，在没有征得你同意的情况下，我不会安排你学这个、补那个，希望你能有一个无忧无虑的快乐童年。

第三，希望你有一个健康的体魄，在抓好学习的同时，每天能够抽出一个小时来锻炼身体。因为好的体魄是做好事情的基础，一个健康的你才是父母和社会所需要的，健康的身体会让你更加有信心和有韧性。

第四，希望你做一个诚实、守信的人。在社会上，一个没有诚信的人是很难立足的，我们希望别人诚实、守信，首先自己要做到这一点，小到人际关系，大到国与国之间的交往，无不如此。

第五，希望你能改掉一些不良的习惯，如吃饭挑食、起床磨蹭、时间安排不合理等。只要有决心，相信你会成为更加优秀的孩子。祝你成绩优秀，快乐每一天！

爱你的爸爸：王春亮

2016 年 6 月 29 日

给爸爸的回信

亲爱的爸爸：

您好！

老爸，我看见您的头发白了，脸上有皱纹了，不过您依然像以前那样爱我、关心我。

我每次期中考试成绩都上升，期末考试成绩又一落千丈，学习成绩不稳定，让您担心了。我会努力的，针对这次考试我反思过了，我会吸取教训，赶上去的，请您放心！

我的生活习惯也不好，吃饭挑食，晚睡晚起，这些我肯定会改的！

祝您工作顺利，身体健康！

爱您的儿子：王冠霖

2016 年 6 月 30 日

给孩子的一封信

亲爱的女儿：

新的学期即将来临，希望你发奋图强，把学习成绩提上去。希望你上课时认真听讲，不要交头接耳。老师是你的第二任父母，他们也不容易，所以你不要把他们的话不当回事。你们现在的学习条件优越，不仅采用电教手段，还有明亮的教室、新的桌凳。如果不好好学习，你对得起老师、父母吗？希望你考虑考虑我说的对不对。

我上学的时候，条件极差，上下课没有动听的音乐铃声，只有一口用铁铸成的钟敲出的沉闷枯燥的“当当当”的响声。现在老师让你们读课外书，你们还有怨言，那时候我们都没有课外书，真羡慕你们。

教室的条件更别提了，简陋得很，全是砖土垒成的，都快要倒塌了，课桌椅都是旧的。我们两辈人上学的环境及条件是不是有天壤之别？你不要身在福中不知福啊！

我上三年级时，搬到了新的学校，条件有所好转，有了新的环境，我更爱学习了。但我没有考上大学，希望你比我强，希望你懂得学习的重要性。

那时候，我们没有什么玩具，用布缝一个布袋，装上沙子，丢沙包玩。看看你们现在，电脑、赛车、洋娃娃……各种玩具应有尽有。

我上学的时候，没有多余的钱买文具盒、书包等学习用品。任何时候我们都要勤俭节约，父母挣钱不容易，不要辜负父母对你的期望。即使再苦再累，我们也愿意付出毕生的心血来培养你。

祝你学习进步，一生幸福！

爱你的妈妈：庄志琳

2016 年 6 月 30 日

给妈妈的回信

亲爱的妈妈：

您好！

妈妈，您为了培养我，辛苦了，我非常感谢您！你们小时候的学习条件很差，但是你们知道用功学习，而我们现在的学习条件优越，却不懂得珍惜，真是不应该啊！现在的我们在家里是“小公主”“小皇帝”，吃的、玩的应有尽有。学校里有很好的老师为我们讲课，我们感到很幸福，尤其是我们的语文老师为我们创造了“读思议说”四步习作教学法，为我们解决了习作难的问题，使我对作文产生了浓厚的兴趣。我经常盼望老师给我们上作文课，好让我大显身手。

我现在的生活很幸福，我知道该怎样做人、怎样学习、怎样和同学相处，知道如何孝敬父母、尊敬师长。请爸爸妈妈放心，我不会辜负你们对我的殷切期望，因为你们为我付出了太多太多……

祝你们身体健康！

爱您的女儿：庄肇烨

2016 年 7 月 1 日

此次活动共收到 30 多封信，我把这些信读给学生听，讨论家长的信哪儿写得好，哪儿可以改进，然后让学生给家长回一封信。最后我们把所有的来信和回信编成了一本书，书名叫《读懂父母》。

这个活动加强了孩子和家长之间的沟通，平时说不出的话，在信中能敞开心扉大胆地说出来，平日郁积在心里的话也可以一吐为快，亲子之间的感情越来越深厚了，渐渐地孩子可以无拘无束地跟家长交流了。家长们都说这个活动搞得好，希望继续下去。

## 三、班报练笔

我们班创办了《幼芽》班报，旨在让学生说真话、说心里话，使学生愿意把心里最真切的话说出来。

班报以写学校故事和家庭故事为主，每周一期，每人一份。学生拿到班报后要找出哪些地方写得好，哪些地方需要改进，达到取长补短的目的。

为激励学生写作，我们班还开展了“积分活动”，如每篇文章有多少个字就得多少分。每错一个字扣 5 分，错一个句子扣 10 分，书写不认真扣 10 分。选材新颖、表达真情实感、语言流畅的加 10 分。积满 500 分，可以得到 50 元稿费。

记得第一期班报诞生后，学生拿着班报一字一句地阅读着，我告诉他们：“这就是你们昨天写下的精彩，这个本领可有用了，学会它，你们将成长为一个既会用嘴说话，又会用笔说话的人。”学生们看到自己的文字被别人阅读，幸福感油然而生。

通过班报这种实实在在的交流形式，学生共享经验、共享智慧、共享生活的快乐。

每一期班报我都模仿正规刊物印发红色的稿件录用证书，以《幼芽》编辑部的名义给学生发喜报。同时我还引入“班币”奖励机制，学生在班报上每发表 1 篇文章，奖励 2 元班币。当学生在班报上发表 50 篇文章时，就能获得最高奖——100 元班币。发表到 60 篇后，新的班币将以其名字来命名。

从三年级开始，班报交由学生负责。随着随笔越来越多，我组织学生出自己的书——《长成一棵树》《晨曦初露》《青青草》《贝之语》……每天做完功课后，学生便忙着做自己的书。从对内容的整理、分类，到文字录入、校对，到插图、版式，到目录的编排等，都由学生自己来做，由此，他们又接触到很多新鲜的知识，不断地学习、思考。学生李佳怡写道：

经历了一个多月的忙碌后，这本书终于诞生了，拿在手里，沉甸甸的，使劲儿地闻了闻，好香！轻轻地翻开，心里溢满了喜悦。我的这本书叫《一缕阳光》，因为它就像一缕缕阳光，照亮了我的生活，温暖了我的童年……

当学生在班报上看到自己的名字，或看到自己亲手做的书时，会非常激动。此时，写随笔、日记、反思已经成为一种兴趣，一种需要。很多学生都积极地将自己的所见、所闻、所感倾诉于笔端，然后等待自己的名字出现在班报上，出现在各级各类的报刊上。学生们越来越喜欢写随笔、日记了，他们发现这种说话方式能使自己发出更有力、更洪亮的声音，伴随而至的是成就感，这促使学生以更好的姿态、更高的热情去记录，去反思。

班报倾注了每个学生的热情，是班集体成长的共同见证。当学生毕业离校时，六年来的班报就是送给他们的最好礼物。

也许有人会说这样做老师会很辛苦。记得朱永新教授曾说过，享受教育，你就多了一双发现的眼睛，多了一分快乐的心情；享受教育，你就多了一股创造的激情，多了一种生活的诗意。

我喜欢生活在学生中间，喜欢和学生一起上课，喜欢每天为学生讲一个故事、每周为学生出一期班报。看着学生们快乐地倾听、全情地投入、愉悦地记录，浓浓的快乐包裹着我，我享受到了教育的幸福。

# 第八章 绘本教学指导策略

绘本对低年级学生阅读兴趣、阅读能力、想象能力和创造能力等的培养起着不可估量的作用。从读图开始读故事，一些不一定伟岸、不一定完美，但一定纯洁的灵魂往往直抵学生的心灵深处，变成学生内在生长力的源泉。

## 第一节　绘本之于人的作用

绘本是用图画与文字共同叙述一个完整的故事，图画不是文字的附庸，而是图书的生命。

绘本分为有字和无字两种。

有字绘本中既有文字又有图画，文字和图画既相互独立又相互补充。相互独立指图画并不是文字的附庸，而是同文字一样可以独立通过画面叙述完整的故事情节。文字和图画的结合能使故事更生动。

无字绘本，即整本书中没有文字，图画本身具有叙述性，可以独立讲述整个故事。没有文字只借助图画语言来演绎故事，要求图画必须具有很强的解说性，让读者可以读懂故事。

下面来解读一下绘本的作用。

### 一、从书中看绘本的作用

绘本于17世纪诞生于欧洲。20世纪30年代，绘本传到美国，迎来了黄金时代。20世纪五六十年代，绘本开始在韩国、日本兴起。20世纪70年代，中国台湾兴起绘本阅读，随后掀起绘本阅读的热潮。

朱永新教授在《我的阅读观》一书中指出，学校教育最关键的一点是，让学生养成阅读的习惯、兴趣和能力。

美国著名生理学家玛丽安·伍尔夫通过研究发现，儿童阅读时是左右大脑两个区域一起工作的，而成年人在阅读时往往只有一个大脑半球在工作。有关科学家认为，父母是否在孩子上小学前经常给他讲故事，影响着孩子今后阅读技巧的形成。人类14岁以前的阅读体验，对成长是非常重要的，以后的历程则是以14岁以前所体验的、所经历的及所读的东西为根基，继续去构建内心的成人世界。

新西兰儿童文学研究者罗西·怀特说：“绘本是孩子在人生道路上最初见到的书，是在漫长的读书生涯中读到的所有的书中最最重要的书。”

## 二、从故事中看绘本的作用

1. 柳田邦男的故事

《绘本之力》是日本儿童文学作家松居直、纪实文学作家柳田邦男、临床心理学者河合隼雄鼎力合作的作品。

书中指出绘本实在是神奇的东西。从零岁到一百岁的人都能从中获得乐趣。即使是小小的，或薄薄的一本书，里面所包含的内容都极为深广。

只要看过一次，它就会一直留在记忆中，如果被偶然想起，就会使人心神摇荡。而且，绘本还具有一种共通性，那就是即使是在文化上存在差异的地方，它也可以毫无排斥地被接受。绘本的神奇之处数之不尽，但仅凭这几点，就可以知道绘本这种书籍蕴藏着丰富的可能性。

柳田邦男在书中讲述了这样一个故事：

在人生的各个阶段，会面临种种危机。但是，这种磨难事后回顾起来，并不只是负面的，很多情况下，它也提供了翻耕心田、发现某种新事物的契机。

我遭遇最为严酷的磨难，是在57岁的时候。我的25岁的二儿子，在经历了长期的心理疾病之后，自己结束了生命。这让我突然感到自己的生存方式全都是错误的，完全陷入了抑郁的状态，什么事都不能做的日子持续了一个月、两个月……

大概是过了三个月吧，心情有一点儿平静下来，就走进了附近车站大楼的书店里。平时我都只在小说或纪实文学的区域看看新出版的书，可是那一天，当我意识到时，已经站在了绘本专柜的前面。

我自己也不明白，为什么会这样。也许是在无意识之中，怀念起在儿子们小时候曾给他们读过的那些绘本，想看一看昔日的那些绘本，是否现在依然摆在书店里，希望能与它们重逢。

那些令人怀恋的绘本果然还在。可是，各种各样的新绘本也平摆在陈列台上。我的目光被其中的一本牢牢地吸引住了。封面是以我所喜欢的深蓝色为底色，上面画着被风吹动的苹果树和身穿斗篷迎风而立的少年。是宫泽贤治的《风又三郎》。

我一边隐约浮想着那个奇异的红发少年的故事，一边为封面上的绘画所陶醉。不一会儿，我伸手拿起一本，翻动起书页来。追随着遥远往昔的乡村的校舍和孩子们的生活情景，我的心突然穿越时空，飞向自己的少年时代。于是，在绘本图画的后面，少年时代的情景接连不断地呈现出来。

我买回来包括《风又三郎》在内的数册绘本，慢慢地读完。不知为什么，我感觉到心灵的创伤正在平静地愈合。我从绘本的一个个故事以及一幅幅图、一句句话里，发现了与从前阅读时不同的深刻含义和体味，完全被绘本征服了。

人们常说，人没有陷入困境，没有失去珍视的人，就不知道真正宝贵的东西是什么。我一头扎进绘本之中，也是因为那时的心情十分纠结吧。不过，这是值得感谢的。

距离那时已经7年了。在这期间，我读了很多绘本，有很多了不起的发现。我并非儿童书籍的专家，而是到了后半生才重新发现绘本的深切诉说的人。现在我脑海里的想法是，人到了后半生，更应该总是把绘本放在身边，慢慢地、用心地阅读。

柳田邦男的故事告诉我们，读绘本不仅仅是低年级学生的事情，还是一个人一辈子的事情。

2. 一个女孩的故事

童喜喜老师的《新教育的一年级》里讲到了关于一个女孩与绘本的真实故事。

这个女孩叫林旧楚，她是一个非常自闭的女孩，在幼儿园里基本上不说话，每天中午她妈妈都得到学校来给她喂饭。进了小学依然如此，该她自我介绍时，旁边的学生说："她不说话！""对，她在幼儿园里就一句话也不说。"测试的时候，她不拿笔作答，结果考了0分。

她哥哥情况跟她差不多，休学在家。就是这样一个特别的女孩，没想到会对绘本阅读特别感兴趣。每次上绘本课，她都听得可认真了，眼睛一眨也不眨。在读《可爱的鼠小弟》的时候，老师还没发现她对绘本的喜爱，因为她没有交过一张绘画作品和一个续编的故事，说实话，老师并不指望她能回家去复述故事或画画续编故事。一段日子后，老师给孩子们讲《小熊的哈欠》时，收到了她的第一幅作品。

从图片的内容可以看出，她完全听懂了故事，图片中出现了小老鼠的家、蜜蜂的家、小兔子的家、狐狸的家。

她妈妈在图片上写了这样一段话："今天是令我难忘的一天。放学后，我骑着三轮车接女儿回家的路上，女儿给我讲了《小熊的哈欠》的故事，我一边骑，她一边讲，女儿长大了，懂事了。"

老师惊呆了，想不到这样一个特殊的女孩竟然对绘本故事如此感兴趣，还能完整地叙述出来。老师当着全班同学的面表扬了她，并给她的作品颁发了奖状，这是她生平得到的第一张奖状。从此，她的兴趣完全被激发起来了。绘本阅读课上她听得更认真了，每次画画续编故事完成得都很好。

后来，这个女孩开始跟其他孩子一起背诵儿歌、表演节目，接着就一发而不可收，老师每讲一个故事，她就画一幅画，还会在老师讲的基础上续编故事。

大家可以看一看她读了《爱心树》这个非常著名的绘本故事后写下的感受："今天老师给我们讲了一个贪得无厌的男孩和一棵无私奉献的苹果树的故事。听了这个故事，我懂得了：一个人要靠自己的双手来创造生活，要发挥自己的特长，要用自己的爱心来帮助别人，要是人人都能这样，这个世界就会变得更加美好。"

我们很难想象，这是一个一年级的极度自闭的孩子在进入绘本阅读世界之后所发生的改变。

## 三、发挥绘本阅读的作用

在了解了绘本阅读对学生的巨大作用后，我在读写绘的基础上开设了听读绘说课程。

1. 何为读写绘和听读绘说

读写绘的核心是"读"，通过大量阅读优秀的读物，为学生的学习构建丰厚的智力背景，引导学生在愉快的阅读中一遍遍地学习汉字、语言。

这里的"写"是让学生根据绘本内容改编、续编或创编故事。

这里的“绘”并不是要培养学生的绘画能力，而是引导学生将阅读、情感、思维、表达等能力通过画面呈现出来，也就是用图画叙述故事。

听读绘说是专门为 4 至 9 岁的儿童开发的一门课程，它将阅读、情感、思维、表达融为一体。简单地说，就是低年级师生共读绘本、儿歌、童诗等，使学生的心灵在美好的事物中得到浸润，使学生在幸福中不知不觉地成长。

“听”是学生倾听父母或教师根据画面叙述故事，初步理解内容，回答相关问题，这种亲子或师生共读，是对学生注意力的训练。

“读”是学生在听过之后的进一步阅读，需要学生主动思考，深入故事情境，是提升学生阅读能力的训练。

“绘”是学生把听过的故事用图画复述或进行同主题创作，以涂鸦的方式画出来，是提高学生想象力的训练。

“说”是以创作的作品为提纲，让学生用口头语言或书面语言进行丰富而完整的阐述，是提高学生表达能力的训练。

2. 读写绘与听读绘说的区别

读写绘强调教师的读，教师把绘本故事读给学生听，学生进行续编或改编，然后配上图画，或者学生直接用图画叙述故事。其实这里的写和绘是一回事，文字可以表达故事，图画也可以表达故事，图画和文字都是在叙述故事。

读写绘更多的是强调教师的给予。

听读绘说则更多地考虑的是学生的能力和发展。“听”是对学生注意力的训练。“读”是提升学生阅读能力的训练。“绘”是提高学生想象力的训练。“说”是提高学生表达能力的训练。这四者的关系和顺序不一定要分得清清楚楚，需要根据不同的绘本设计不同的教学方法。

听读绘说是真正站在学生立场上考虑的一门课程，有利于对学生综合能力的培养。其实这里的“说”是包含着“写”的，是绘画语言、口头语言、文字语言的综合表达，是从绘画语言、口头语言过渡到文字语言。

3. 听读绘说课程对家长的作用

在推进听读绘说课程时，教师一定要调动家长的阅读热情，得到家长的大力支持。

学生听了故事，回家要说给父母听，家长要进行反馈。学生续编故事，也需要家长的记录，而且我们更想看到的是家长和孩子一起阅读，一起续编故事。因此要想顺利开展这项活动，首先要得到家长的支持。

因此，教师必须不断提醒家长，用自己的实际行动感染他们，不断推广绘本阅读。

## 第二节　绘本课程的设计

绘本的设计是分主题的，如友情、亲情、智慧、勇气、团结、自信、习惯……好的绘本，对学生的影响往往是一辈子的。我们主要通过听读绘说课程来进行绘本教学。

听读绘说课程贯穿整个小学阶段，由无数个小课程组成，如“入学课程”“母亲节课程”“中秋节课程”“魔法书课程”……开学前先制订课程计划，然后实施。

课程计划主要包括课程主题、设计目的、课程内容、课程实施、课程安排几部分。

快开学了，我设计了几个一年级绘本小课程。

【课程主题】入学课程

【设计目的】

要上小学了，有的学生可能会非常兴奋，对此充满期待；有的学生可能还没有做好充分的准备，进入学校时会落落寡合、感到孤立无援，对未知的学校生活充满恐惧。

入学课程正是为了缓解一年级新生的紧张情绪而设计的，旨在为学生创设心理过渡期，让他们从孤独、焦虑、无助、压抑中挣脱出来，消除恐惧，建立安全感、秩序感，从而顺利渡过入学艰难期。

【课程内容】

《小阿力的大学校》《小魔怪要上学》《大卫上学去》《大卫，不可以》《乱七八糟的魔女之城》《笨拙的螃蟹》《乱挠痒痒的章鱼》《小黑鱼》。

【课程实施】

实施时间：开学第一周和第二周。

实施方法：把绘本阅读、儿歌诵读、暮省与实践活动结合起来，组成整个入学课程。

【课程安排】

第一天

(1) 晨诵：《小蜗牛上学校》。

(2) 绘本共读：《小阿力的大学校》。

(2) 实践活动：自我介绍，认识自己的学号、座位，参观校园，了解一天的校园生活。

(4) 写绘：再读绘本，练习写绘——画出校园里你喜欢的地方或你和小伙伴们喜欢做的事情吧！

(5) 暮省：回顾一天的校园生活，交流最开心的事，赠送开学礼物。

(6) 作业：读儿歌给爸爸妈妈听，告诉爸爸妈妈你从中认识的字；把绘本故事讲给爸爸妈妈听，和爸爸妈妈分享自己的画。

第二天

(1) 晨诵：《爱读书的树叶》。

(2) 绘本共读：《小魔怪要上学》。

(3) 实践活动：说说自己新认识的朋友，分享昨天画的画。表扬按时上学、进教室后有看书习惯的孩子。

(4) 写绘：再读绘本，练习写绘——你和爸爸妈妈在家里是怎么读书讲故事的（你希望爸爸妈妈在家里怎么给你读书讲故事）？把它画下来。

(5) 暮省：回顾一天的校园生活，交流最开心的事，说说自己学到的知识和本领，感谢一下帮助过自己的人。

(6) 作业：读儿歌给爸爸妈妈听，告诉爸爸妈妈你从中认识的字；把绘本故事讲给爸爸妈妈听，和爸爸妈妈分享自己的画。

第三天

(1) 晨诵：《春天的早晨》。

(2) 绘本共读：《大卫上学去》。

(3) 实践活动：学习手语操，学习游戏“红心木头人”。

（4）写绘：再读绘本，练习写绘——在学校里有哪些事情是不能做的呢？画下来，告诉大家，提醒大家。

（5）暮省：回顾一天的校园生活，交流学到的本领及最开心的事。

（6）作业：读儿歌给爸爸妈妈听，告诉爸爸妈妈你从中认识的字；把老师讲的故事讲给爸爸妈妈听，和爸爸妈妈分享自己的画。

第四天

（1）晨诵：《纪律歌》。

（2）绘本共读：《大卫，不可以》。

（3）实践活动：继续练习手语操，学习游戏“红心木头人”。

（4）写绘：再读绘本，练习写绘——说一说生活中有哪些事情不可以做，画下来，告诉大家，提醒大家。

（5）暮省：回顾一天的校园生活，交流学到的本领及最开心的事。

（6）作业：读儿歌给爸爸妈妈听，告诉爸爸妈妈你从中认识的字；把老师讲的故事讲给爸爸妈妈听，和爸爸妈妈分享自己的画。

第五天

（1）晨诵：《小胖猪上学》。

（2）绘本共读：《乱七八糟的魔女之城》。

（3）实践活动：练习整理书包和课桌。

（4）写绘：再读绘本，练习写绘——你书桌和床上的东西是怎么样放的呢？你能画出来告诉大家吗？

（5）暮省：回顾一天的校园生活，交流学到的本领及最开心的事。

（6）作业：读儿歌给爸爸妈妈听，告诉爸爸妈妈你从中认识的字；把绘本故事讲给爸爸妈妈听，和爸爸妈妈分享自己的画。

第六天

（1）晨诵：《今天不一样》。

（2）绘本共读：《笨拙的螃蟹》。

（3）实践活动：学习活动安全守则，进行交友游戏。

（4）写绘：再读绘本，练习写绘——你最拿手的事情是什么呢？请以“我很不一样”为题，画一画最棒、最独特的自己。

（5）暮省：回顾一天的校园生活，交流学到的本领及最开心的事，分享自己的画。

（6）作业：读儿歌给爸爸妈妈听，告诉爸爸妈妈你从中认识的字；把老师讲的故事和自己画的故事讲给爸爸妈妈听。

第七天

（1）晨诵：《好朋友拍手歌》。

（2）绘本共读：《乱挠痒痒的章鱼》。

（3）实践活动：继续学习活动安全守则，进行交友游戏。

（4）写绘：再读绘本，练习写绘——章鱼发现自己擅长做的事情有很多，他用自己的长处为自己或朋友做了哪些事情呢？你知道自己的特长吗？画一画，说一说。

（5）暮省：回顾一天的校园生活，交流学到的本领及最开心的事，了解自己和同学的爱好与特长。

（6）作业：读儿歌给爸爸妈妈听，告诉爸爸妈妈你从中认识的字；把老师讲的故事和自己画的故事讲给爸爸妈妈听。

第八天

（1）晨诵：《小蚂蚁搬西瓜》。

（2）绘本共读：《小黑鱼》。

（3）实践活动：学做值日生，分工合作打扫卫生。

（4）写绘：后来，大红鱼会遇到什么呢？如果小黑鱼和小红鱼闹了别扭，或者小红鱼之间闹了别扭，会怎么样？请你把这个故事续编下去，先讲一讲，再把它画出来。

（5）暮省：回顾一天的校园生活，交流学到的本领及最开心的事以及从中明白的道理。

（6）作业：读儿歌给爸爸妈妈听，告诉爸爸妈妈你从中认识的字。

第九天

（1）复习这两周的晨诵小诗歌，把晨诵的诗歌串联起来读一读，也可以设计成游戏对话的形式诵读。

（2）聊一聊开学两周来我们读了哪些绘本，讲一讲你最喜欢的绘本。

（3）展示优秀的写绘作业，评奖并颁发奖状。

（4）课件展示入学以来学生的学习生活照片，回忆走过的日子，思考：为了实现梦想，我们要做些什么？请大家用行动来回答。

入学课程结束后，为了让一年级新生尽快适应环境，我创设了一年级新生适应新环境课程。

【课程主题】一年级新生适应新环境

【设计目的】

开设这门课程是为了缓解学生入学的紧张心理，帮助学生尽快适应新的环境、新的校园生活。

【课程内容】

《一口袋的吻》《小魔怪要上学》《大卫上学去》《迟到的理由》《我喜欢书》《神奇飞书》《小老鼠的魔法书》《字母树》。

【课程实施】

实施时间：开学第一周和第二周。

【课程安排】

第一周：适应环境，培养习惯

1.《一口袋的吻》

目标：一口袋的吻，让刚上小学的迪比有了巨大的转变。通过这个绘本，解决学生对父母过度依恋的问题。

活动：请爸爸妈妈给孩子做“魔法亲亲”——把吻留在心形纸片上。学生将这张有魔法的亲亲放在自己的书包里，想念爸爸妈妈或遇到困难想找爸爸妈妈时，可以为自己增加魔法。

2.《小魔怪要上学》

目标：通过小魔怪的故事，给学生传达一个信念：读书能让魔怪变美好，也能让我们变美好。

活动：讲述后，请学生口述：“×××要上学”，父母将其口述内容整理成文。

3.《大卫上学去》

目标：找到共鸣，从不同种族、不同国家的小朋友所遭遇的上学“事件”中，反观自己的经历，获得心灵成长的力量。

活动：写绘自己最难忘的上学时光。

4.《迟到的理由》

目标：知道应该如何遵守规则，珍惜时间。

活动：师生表演《迟到啦》。

第二周：开启阅读的美好旅程

一周的时间，学生差不多适应了学校生活，这时可以用更多的好书来引领他们的发展，关注他们的情绪、交往等。

1.《我喜欢书》

目标：让学生意识到，自己应该读各种各样的书。

活动：在父母的帮助下制作自己最喜欢的书，带到学校分享并简述原因。

2.《神奇飞书》

目标：坚信书的神奇力量，让学生有不断阅读的期望。

活动：邀请爸爸妈妈到学校介绍对他们影响最大的一本书。

3.《小老鼠的魔法书》

目标：有书的地方，就有魔法，有书的地方，都可以是家。

活动：画一画小老鼠的魔法书还有什么魔法。

4.《字母树》

目标：帮助学生缓解学习拼音的紧张情绪，字母树上的字母，能够拼成词语，让学生利用拼读的方式，像书中的字母一样，一点一点学会汉语拼音。

活动：汉语拼音树小剧场——让学生扮演不同的字母，小组合作，拼出一句有意思的话。

中秋节快到了，我趁机设计了中秋节课程。

【课程主题】中秋节课程

【设计目的】

让学生通过学习有关中秋节的歌曲、童谣和故事，了解中秋节，感知中秋节文化。这是一年级新生入学后遇到的第一个传统节日，设计内容丰富的中秋节课程，帮助学生更加喜欢学校，激发他们上学的热情。

【课程内容】

本课程分为以下两个阶段。

第一阶段：了解中秋节的来历，感受中秋节的美好。

推出绘本：《中秋节的故事》《晚安，月亮》《月亮，你好吗》。

第二级阶：经历中秋节，送祝福。

推出绘本：《月亮，生日快乐》《月亮的味道》《松鼠先生和月亮》。

【课程实施】

实施时间：9 月 25 日—9 月 30 日，10 月 9 日—10 月 13 日，两周。

【课程安排】

（1）结合音乐课学唱歌曲《小月亮》《爷爷为我打月饼》。

（2）时间：两周。

| 第一周：9 月 25 日—9 月 30 日 | | | |
|---|---|---|---|
| 日期 | 歌曲 | 童谣 | 绘本 |
| 9 月 26 日 | 《小月亮》 | 《月饼谣》 | 《中秋节的故事》 |
| 9 月 28 日 | 《小月亮》 | 《看月亮》 | 《晚安，月亮》 |
| 9 月 29 日 | 《小月亮》 | 《中秋节》 | 《月亮，你好吗》 |

| 第二周：10 月 9 日—10 月 13 日 | | | |
|---|---|---|---|
| 日期 | 歌曲 | 童谣 | 绘本 |
| 10 月 10 日 | 《爷爷为我打月饼》 | 《中秋夜》 | 《月亮，生日快乐》 |
| 10 月 11 日 | 《爷爷为我打月饼》 | 《小月牙》 | 《月亮的味道》 |
| 10 月 12 日 | 《爷爷帮我打月饼》 | 《磨刀石》 | 《松鼠先生和月亮》 |

（3）排练绘本剧《松鼠先生和月亮》。

（4）小结。

## 第三节　绘本的选择、欣赏与解读

教师要从绘本的艺术特点出发，赏析其图文结合的艺术，关注学生的阅读反应，挖掘文本的细节，列出相关绘本作为延伸，让学生享受绘本阅读的乐趣。

## 一、绘本的选择

1. 坚持适合性原则

选择的绘本应该适合学生。首先是能够诊疗学生的。教师及家长在挑选绘本时都会觉得学生有某些方面的不足，期待可以通过绘本中的简单故事来帮助学生改正自身的不足。

2. 坚持丰富性原则

丰富性指绘本的内容、形式等要丰富多样，知识性的、情感性的、哲理性的、科学性的等，尽可能涵盖儿童生活、成长的方方面面。

在给学生选择绘本时，要尽量让其接触不同的类别，不要只选择能诊疗学生缺点的绘本，其他类别的绘本也能对学生的成长起到促进的作用，能让他们在兴奋、愉悦、轻松中迸发灵性。

3. 坚持系统性原则

选择绘本时，要根据学生的年龄特征，形成一个阅读序列。如刚刚入学的一年级新生，识字量不大，但他们的想象力特别丰富，绘本中的图画很容易引起他们的共鸣，引发他们的想象，所以教师可以挑选一些能满足学生爱幻想天性的绘本。

进入二年级，学生有了一定的基础，可以多选择一些适合朗读、表演的绘本。有些绘本的图画笔触优美细腻，文字读起来朗朗上口，容易引起学生的阅读兴趣。

有些绘本故事人物形象鲜明，对话丰富，学生看后会忍不住进行表演。他们或是选择绘本中有特色的角色，模仿其语言、动作等，或是进行某个情节的表演，这便发展了学生的表演能力及语言表达能力。

## 二、绘本的欣赏

下面以《石头汤》为例介绍一下如何欣赏绘本。

1. 了解故事内容

有三个和尚，阿福、阿禄和阿寿，他们在边走边聊猫的胡须、太阳的颜色和什么使人幸福。

一阵钟声把他们引到了一个村子，和尚们不知道这个村庄发生过许多苦难：饥荒、洪水、战争……这些苦难使得村民们不相信陌生人，甚至邻居之间也互相猜忌。三个和尚走进村庄后，没有一个村民来迎接他们，和尚们便一家一家敲门，可是没人开门，有的还把屋里的灯都关了。“这些人不知道什么是幸福。”和尚们说。最年长的阿寿说：“我们要让他们看看怎么煮石头汤。”于是他们捡来了树枝，架起了锅，找了三块又圆又滑的石头放在锅里煮。有好奇的村民前来观看，和尚们趁机向村民们借来了盐、胡椒粉、胡萝卜……汤煮好了，村民们拿来了米饭、馒头、桂圆、甜饼、香茶，和和尚们一块进餐，村民们从来没有这么开心过，吃完饭后，大家又开始说故事、唱歌，一直闹到深夜。

村民们不再那么冷漠了，他们敞开家门，争着把和尚请回家。一个春天的早晨，和尚们要离开了，村民们依依不舍地送别。“谢谢你们的款待，”和尚们说，“你们真是太慷慨了！”村民们说，他们应该谢谢和尚，是和尚教会了他们分享使人更加富足。其实，幸福就像煮石头汤那样简单。

2. 欣赏图文艺术

当我们用心读过《石头汤》并且领悟了其中的深意之后，会猛然间发现封面和封底之间的玄妙关系，封面上的几个人在往里看，而与他们对视的读者和书以外的大千世界是他们的“里”。

正如佛家所说：心即世界。我们所见的世界是我们的内心向外部的投射。封底的意境更像一种暗示，当我们真正向内观照时，会豁然开朗，别有洞天。正所谓：“世界上最广阔的是海洋，比海洋更广阔的是天空，比天空更广阔的是人的心灵。”作者以淡雅清妙的水彩笔触和充满禅机的朴素语言，将和尚们引领村民们走向幸福的过程娓娓道来，徐徐展开。

故事的背景设定为中国，明丽的画面、淡雅的色彩，有中国的绘画风格，同时融入了东方哲学与诗的意境，热闹中有清净，平实中见空灵。一个美国作家，绘画的故事背景、人物竟然都是中国的，人物栩栩如生，准确地反映出其各自的性格、气质和心理，建筑物、环境等都刻画得很有现实感，且富有禅的韵味，可见画家的写实功底相当扎实。

老和尚阿寿的话柔和却藏有机锋，隐含着劝导，完全没有严肃的告诫意味，如阿寿说：“上次我们煮这么大、这种颜色的石头时，还放了一些胡萝卜，那汤可真甜。”这时一个妇人说：“胡萝卜？我家可能有！不过只有几根。”可她捧回的胡萝卜多得都快抱不住了。又如“不过，要是我们有蘑菇的话……”几个村民在这句话的启发下拿回了很多东西。动作、语言描写很能反映人物微妙的心理活动，也为作品增添了隽永的幽默情味。老和尚的智慧在于：他以一种让人吃惊的煮石头的行为引导人们参与幸福的分享，使人们通过实际行动改变了自己过去的认知，不管最后村民们是否意识到老和尚用了巧计，可他们已经亲身体验到敞开心扉与人分享的快乐，不仅心甘情愿地中计，还特别感谢和尚们，认识到幸福就像煮石头汤那样简单。

从一口空的大锅到一席丰盛的欢宴，从闭门锁户到慷慨好施，作者对古老的欧洲民间传说进行再次创作，转化为东方的智慧故事，让人们在不知不觉中打开了狭隘闭塞的心灵，收获了欢乐、幸福。

3. 关注阅读反应

学生对书名《石头汤》产生了极大的兴趣，纷纷讨论起用石头怎么煮汤，煮出来的汤会是什么味道，虽然有个别学生听过这个故事，但并不影响他们继续阅读的意愿。

作者用水彩描绘浓浓的中国风情。在绘画手法上，大量运用了中国水墨画虚化、留白、晕染的技法，引起了学生的注意，有些学生也尝试着用图画的这些特点来解释情节，比如，村子很远，所以要画得淡一些；山里有雾气，所以山的下半部分都是白的。

学生的情绪会随着故事的情节发展而产生变化：故事开始时，他们比较沉默，教师讲读时，默不作声地看画面，随着石头汤里的东西越来越多，他们也逐渐兴奋起来，开始讨论石头汤里都放了哪些东西，还会数出一共有多少种东西。当读到大家坐在一起吃饭、欢庆时，他们的情绪达到顶点，会在图上寻找前面出现的人物都坐在哪里。

作者在图画中预设了许多有待读者发现、又能增进故事理解和阅读趣味的细节，如小女孩的黄色衣服、杨柳的象征，但如果教师讲读时不加以提醒，学生往往不能主动发现它们。

关于什么是幸福，低年级学生在读完这本书后有一定的感受，会得出有好吃的一起吃、有好玩的一起玩等有意思的想法，而中高年级的学生，则能结合自己的生活经验产生一些较为深刻的理解，如幸福就是分享、幸福就是把心打开、幸福就是大家都好，等等。

《石头汤》将西方与东方的智慧融合在一起，传达出关于幸福的思考，三个和尚通过煮石头汤这个看似奇怪的举动，引导村民们打开心扉，懂得了相互给予，并最终得到由分享和信任带来的幸福。在读绘本时，学生一开始可能并不关注这一深意，讲读者也无须刻意强调。等到故事结束，学生大多能自发得出见解与结论。

作者极力通过一些特别的意象渲染出空灵、沉浸的禅的意境，如水墨长城、烟雾缭绕的高山、远方僻静的村庄，还有站在山巅的三个和尚、送别时的石拱桥和河边的杨柳，这些与作者想要表达的主题密切相关，讲读的时候如果学生没有留意到，教师应该进行解释说明。

同时，在朗读人物对话时，可以通过语调、语速和音色提示学生注意人物的特点和情绪。

4. 关注文本细节

本书还有许多值得挖掘的细节，如穿黄衣服的小女孩、小黑猫、女裁缝的小笼包、房屋的侧立面上类似人脸的装饰，对于这些细节，在讲读过程中可以和学生一起去发现。

说到《石头汤》，自然就会说到琼·穆特的另外两本书《禅的故事》和《尼古拉的三个问题》。在《禅的故事》里，大熊猫静水为艾蒂、迈克和卡尔讲了三个非常有哲理的小故事，以轻松的方式让孩子们领悟生活的道理。《尼古拉的三个问题》则给出了人生中最重要的三个问题的答案：什么时候是做事情的最佳时机，什么人是最重要的人，什么事是最应该做的事。

很多作家都喜欢将自己对生命的思考融入故事的创作中，这样的故事能启发孩子思考，使其渐渐明白一些道理，《爱心树》《小黑鱼》《外公的旅程》《从前有一只老鼠》等都属于这类作品。

有位教师在讲授绘本《小绿狼》时，带领学生读了三遍这个故事，每一遍都使学生获得了不同的体验。

第一遍：看图猜故事（不出现文字，只出现画面）

第一部分：遭遇问题。

1. 看，谁来了？他要去做什么呢？

一天，哈瓦尔来到了一片森林，那儿有一群灰色的小狼正在兴高采烈地踢足球。哈瓦尔也很喜欢踢足球，便走过去跟他们打招呼：“嗨，你们好啊！”

2. 他想和小灰狼玩，他们会和他一起玩吗？

结果，灰狼们不再踢球了，全都扭过头，吃惊地看着哈瓦尔。突然，一只灰狼大声地笑了起来：“瞧，绿色的狼！绿色，这绝不是一只狼该有的颜色！”他直起身子，骄傲地说：“看我，灰色，这才是真正的狼的颜色呢！”

小绿狼啊小绿狼，你会变成灰色吗？

第二部分：穿上灰色衣服。

1. 可是，怎么变成灰色呢？小绿狼会怎么做？哈瓦尔跑到城里，走进了一家服装店，他会选择什么颜色的衣服呢？

2. 小灰狼们怎么和刚才一样还是笑呢？（他们发现了他的绿尾巴）

灰狼们围了过来，上下打量着新伙伴。突然，一只灰狼发现了一条奇怪的尾巴——一条长长的、绿色的尾巴。他嘀嘀咕咕道：“灰色的狼怎么会长出一条绿色的尾巴呢？这真是太奇怪了……”

不好，尾巴被他们发现了！结果，可怜的哈瓦尔又被灰狼们嘲笑了一番。

第三部分：抹上柴灰。

1. 小绿狼啊小绿狼，你又会怎么做呢？算了吧，一个人玩吧！

哈瓦尔绝对不是一只容易灰心的狼！这一次，他点燃了好大一堆柴火，火熄灭后，留下了许多灰色的粉末。

2. 小绿狼啊小绿狼，你又准备做什么呢？

哈瓦尔将粉末涂满了全身，当然，也包括他那条长长的、绿色的尾巴！这次可不会忘记尾巴了。

哈瓦尔吹着口哨向森林跑去，他一边跑，一边想：“我该怎样和灰狼们打招呼呢？是‘嗨，哥们儿’，还是‘朋友们，你们好’？”

这时，空中飘来一大片乌云，接着，下起了瓢泼大雨。哈瓦尔飞快地向森林跑去。不幸的是，他还没来得及跑进森林，大雨已经将他身上的灰色粉末全部冲掉了。

哈瓦尔发现，自己比以前更绿了，就像雨后的青草地那样绿。

3. 不幸的小绿狼啊，你又会怎么做呢？

他气急了，跺着脚大声叫道："气死我了，连老天都要和我作对！看来，我不出绝招是不行了！"

4. 哈瓦尔使的绝招是什么呢？咱们拭目以待……

第四部分：涂上油漆。

1. 哈瓦尔立刻跑到城里买了一桶油漆，当然，油漆的颜色还是灰色。

和学生一起假装涂油漆，头、脸、身子、尾巴。

哈瓦尔在身上涂了一层厚厚的油漆。他的头、脸、身子、尾巴，全被灰色的油漆包裹住了。远远望去，他完全是一只真正的灰色的狼。

哈哈，这次即使下雨我也不怕了！

2. 小灰狼，怎么了，发生什么事了？

雨过天晴，太阳公公钻出云层，笑眯眯地俯视着大地。慢慢地，阳光越来越强烈，就像火一样烤着大地，当然也烤着可怜的哈瓦尔。裹着灰色油漆的哈瓦尔，就像被关进了烤炉里，全身冒着汗，热得喘不过气来。就算他张大了嘴巴，还是不能顺畅地呼吸。

3. 可怜的小绿狼啊，可怜的小绿狼！小绿狼会说——（想象练习说话）

第五部分：遇到仙女。

就在这时，一位美丽的仙女走了过来。她看了哈瓦尔一眼，举起她的魔法棒，说了声："一、二、三，变！"就把哈瓦尔从那厚厚的油漆盔甲中救了出来。

仙女问道："可怜的小朋友，你还有什么需要我帮忙的吗？""灰色！"哈瓦尔叫道，"我要变成灰色的！"

1. 小绿狼啊小绿狼，难道你吃的苦头还不够吗？你为什么一定要变成灰色的呢？（他想和灰狼们玩）

2. 小绿狼啊，你愿意变成一条鱼吗？愿意变成一只鸟吗？

3. 小绿狼啊小绿狼，曾经你是那么想变成灰色，现在又说就保持这个样子，那些灰狼同伴能接受你吗？你还愿意再找他们吗？

4. 猜一猜，这次的结果会怎么样呢？

灰狼们还没有来得及开口，哈瓦尔又加了一句："是的，我就是一只绿色的狼，不过，那又怎么样呢？"

第二遍：完整地呈现故事、讲故事

这个故事的名字叫《小绿狼》，作者是法国的勒内·葛舒，其中的画是由法国的爱瑞克·盖斯德所画。下面，跟着老师再回顾一下整个故事。(音乐响起)

小绿狼啊小绿狼，你原本是一只快乐的小狼，有一天你忽然发现，你和他们不一样，你们的皮毛颜色不一样，你开始讨厌自己的皮毛颜色，你想像他们一样……

小绿狼啊小绿狼，为了能拥有他们的皮毛颜色，你一次又一次改变自己，却一次又一次遭遇失败。

可是也因为这样，你才发现，原来皮毛的颜色是不能改变的，就连仙女的魔法棒也无能为力。

原来，最重要的并不是皮毛的颜色，而是你怎么看待自己，不管和别人有怎样的不同，你都要喜欢自己，喜欢自己的绿色皮毛。

而世界将看见，一只快活自信的小绿狼。

让我们一起快活、自信地读小绿狼的话："是的，我就是一只绿色的狼，不过，那又怎么样呢？"

第三遍：自己独立讲述故事

写绘作业：小绿狼又和他的灰狼伙伴们发生了哪些有趣的故事呢？展开想象，把你的想法画下来，并把你画的故事讲给爸爸妈妈听。

## 三、绘本的解读

有人说，绘本中那么简单的文字有什么好讲的？确实绘本看上去非常简单，但是细细解读真的不简单。

佩里·诺德曼在《儿童文学的乐趣》一书中说："一本图画书就包含着三个故事：一个是文字讲述的故事，一个是图画暗示的故事，还有一个是文字与图画相结合产生的故事。"

那么到底应该怎样解读绘本呢?

1. 解读封面

《儿童文学的乐趣》一书中指出，在开始阅读一本书之前，封面是影响读者期待的最重要的因素。封面或护封上的图画通常涵盖了故事中最关键的要素。

美国作家米歇尔·努森的《图书馆狮子》讲了这样一个故事：图书馆来了一头狮子，大家吓了一跳。狮子喜欢听故事，天天早早来到图书馆听故事。狮子很守规矩，不吵不闹，孩子们很喜欢他，觉得他是馆内最舒服的靠垫。有一天，他来到馆长办公室，麦小姐想让狮子帮她送一本书回图书区。可是麦小姐站在凳子上从书架上拿一本放得很高的书时摔伤了，狮子为了救麦小姐而大声吼叫违反了规定，主动离开了图书馆……最后，一向讨厌狮子的马彬先生亲自把狮子找了回来。

米歇尔·努森是美国知名童书作家，在图书馆工作多年，她认为“图书馆是一个充满无限可能的神奇地方，它的大门始终敞开，欢迎所有的人光临”。《图书馆狮子》的封面上一只狮子蹲在一个小女孩的背后，静静地和小女孩一起看书，一个小男孩背靠着狮子也在看书，他们的背后是一个大大的书架。一看封面学生就会充满好奇心：图书馆里怎么会有狮子呢?狮子能看懂图书吗?图书馆里的人不害怕吗?狮子在图书馆里会发生什么故事呢?学生的问题会一个接一个而来。

比如，佐野洋子的《五岁老奶奶去钓鱼》的封面上是一个老奶奶坐在一把椅子上，一只头戴帽子、手拿鱼竿的小花猫站在她身边。“咦，明明是一个年纪很大的老奶奶嘛，怎么只有五岁?”封面一下子就激发了学生的好奇心，使他们迫不及待地想去了解故事的内容。

2. 解读封底

在读完整个故事、合上绘本时，故事是不是就讲完了呢?有时是这样，有时却不是。

有些绘本的封底是书中某个情节的再现，甚至会使用与封面同样的一幅画，以使读者忆起故事中的场景。如绘本《爷爷变成了幽灵》的封底写道：“艾斯本想起好多事情：爷爷带他去游乐场、看赛车、看电影、钓鱼，爷爷冲他大吼大叫、和他一起扮鬼脸、挠他痒痒、把糖藏起来——他们沉浸在愉快的往事里。突然，爷爷不再笑了，‘我忘记和你说再见了，我的小艾斯本。’”谁读到这里，都难免会感到难过。绘本的封面和封底使用了同一幅画，就是艾斯本让爷爷试一试能不能穿墙而过的画面，只是调转了一个方向，使人再一次忆起故事场景。

有的绘本把故事的结尾一直延续到了封底上。如宫西达也的《1 只小猪和 100 只狼》。一只小猪误入了一片充满危险的森林，几乎每棵树后面都藏着一只狼。可是 100 只狼究竟怎么去分一只小猪呢？一只“聪明”的狼让小猪回去叫来 100 只小猪，不然就吃了他！封面就是故事的开始。巨大的诱惑让狼犯了一个非常低级的错误。于是，这只“聪明”的狼和另外 99 只狼怀着无限美好的心情，期盼着这只小猪和另外 99 只小猪的到来。哇，口水直流，都要馋死了！可是，一直没有动静啊！……天黑了，一堆狼傻站着继续等着。小猪当然不会回来啦，他没有那么傻。你看封底，小猪早就回到了家里，呼呼呼睡得正香。作者一直把这个故事讲到了封底。

3. 封面和封底连在一起看

还有些绘本的封面和封底连在一起构成了一幅画，这就要求我们把封面与封底同时翻开来看。《讨厌黑夜的席奶奶》是一本非常生动有趣的绘本。这本书表达的是孩子很容易理解、很容易产生共鸣的“怕黑情绪”，阅读本书的时候，孩子会对席奶奶讨厌和惧怕黑夜的情绪感到亲切、熟悉和认同。而席奶奶试图赶走黑夜的办法，又会让生活在城市中的孩子感到非常新鲜、有趣和好玩，孩子会怀着新奇、饶有兴趣的心情一页页地翻看这本书——他们会看到，因为讨厌黑夜，席奶奶千方百计要赶走黑暗，她用扫帚扫、用麻布袋装、用大锅煮、用藤蔓捆、用剪刀剪、丢给老猎狗吃、塞进床上的草垫里、沉到屋后的井里……一整夜，结果怎么样呢？黑夜还是黑夜，一点儿也没有改变。当太阳光芒四射地出现、黑夜自己消失的时候，席奶奶和她的伙伴——那条无可奈何地陪着她辛苦了一夜的老猎狗，都累得顾不上欣赏和高兴，而是昏昏沉沉睡去了。该书的封面上是月夜下，怕黑的席奶奶正扯着一块披肩在逃避黑夜。而当你把封底也一起翻开时，一下子变成了窄窄长长的一幅画，左边是一棵巨大的树，树上停着一只眼如铜铃般的可怕的猫头鹰。这下知道席奶奶怕什么了吧。但是很多读者都不知道把封面和封底连起来阅读。

4. 解读前后环衬

一般来说，环衬常常会被读者忽略。实际上绘本的环衬不但与正文的故事息息相关，有时还能提升主题，甚至说出故事之外的另外一个结尾。

我们先来看看英国安东尼·布朗的《隧道》。它的前环衬与后环衬的画面背景是相同的——左边是花卉图案的墙纸，右边是红色的砖墙，分别象征男孩和女孩。前环衬的花卉图案下面有一本童话书，而在后环衬，这本童话书跑到了红色砖墙的下面，与一个足球靠在一起。

这隐喻着什么呢？和解。

有一对兄妹，他们很多地方都不一样，妹妹露丝喜欢看书，哥哥杰克喜欢踢球，有时哥哥会在晚上爬进妹妹的房间，吓唬她。他们经常吵闹。有一天，妈妈实在忍受不了兄妹俩的争吵，让他们一起出去，试着好好地玩一次。妹妹跟着哥哥来到一个堆满废品的角落，哥哥在那儿发现了一个隧道的入口，喜欢探险的他毫不理会妹妹的阻拦，自己爬了进去，妹妹不敢跟随，只好在外面等候。

可是等了很久，也不见哥哥回来，她只得鼓起勇气，爬进了隧道，里面很黑很潮湿，好不容易爬到另一头，妹妹却发现那里是一片幽深的树林，根本不见哥哥的身影。

妹妹更害怕了，脑子里出现了大灰狼、巨人、巫婆，她很想转身回去，可是又担心哥哥，万一他遇到危险需要她帮助呢？妹妹很害怕，忍不住跑了起来，越跑越快，快要跑不动的时候，她看见一片空地，那儿有一个一动不动的人影，像石头一样。那是哥哥！妹妹呼喊着跑了过去，伸出双手，紧紧地搂住了那又凉又硬的人像……

故事最后一句话是“露丝朝着哥哥，抿着嘴笑了。杰克看着妹妹，也会心地笑了”。

后环衬上靠到一起的童话书和足球似乎已经说明了一切。

5. 解读扉页

扉页上写有绘本的书名、作者、绘画者、译者以及出版者的名称。除了这些文字信息，绘本往往从扉页开始就有图画，而这些图画的作用不容小觑。

马克斯·菲斯特的《我是彩虹鱼》是一本美不胜收的绘本，书中使用了激光烫银工艺，彩虹鱼的一片片鳞片在光线下会放射出七彩光芒，宛如彩虹。扉页上那条熠熠闪光的鱼，正是书中的主人公，是故事中最重要的元素。

扉页不仅是通向正文故事的一扇门，告诉你谁是故事的主人公，有时还会讲故事。如维吉尼亚·李·伯顿的《逃跑的小火车头》的扉页，几乎把一个火车头出逃的故事和盘托出了。有的扉页第一次看时看不出什么名堂，当你读完整个故事回过头来再看时，就会明白作者的良苦用心。佩特·哈群斯的《母鸡萝丝去散步》非常有名。母鸡萝丝后面始终跟着一只垂涎三尺的狐狸。萝丝走过院子，身后的狐狸扑了上来。可它一脚踩到了钉耙上，钉耙一个反弹，狠狠地打到了它的脸上。萝丝绕过池塘，狐狸扑了上来，可它扑了一个空，栽到了池塘里。萝丝越过干草堆，狐狸扑了上来，可它一头扎了进去……

其实这本书的扉页就是一张母鸡萝丝的散步地图，与正文相对照，可以一一找出那只狡猾的狐狸在哪里踩到了钉耙，在哪里栽进了水池……看，扉页给我们带来了第二次阅读的兴趣。

6. 解读细节

绘本中好玩的细节很值得我们去注意。一些绘本经常会在某个不易引人注目的地方留下一个或几个类似插科打诨的人物，制造一些笑料。英国超现实主义绘本大师安东尼·布朗说自己在孩子时代就喜欢看图画里的这些细节。他最喜欢在图画里加入一些细节，读者看第一遍时容易忽略，但再看时就会有新的发现，这可以激发读者再三阅读的兴趣。比如，在《隧道》的第二个画面里，你注意看作为背景的那幢楼，楼顶的烟囱边上是不是放着一顶女巫的黑色高帽？窗子里是不是有一只黑猫正在向外窥视？哥哥身后的那面墙上，六块玻璃碎片像不像黑夜里的蝙蝠？再比如第四个画面里，衣橱边上挂着的红色外套是不是和墙上那幅画里小红帽穿的红色外套一模一样？

这些小细节并不是可有可无的。读到最后，你会发现，它们都有寓意。女巫的黑色高帽、黑猫、黑夜里的蝙蝠，都暗示了即将到来的凶险。至于那件红色外套，妹妹后来更是穿着它勇敢地走过了恐怖森林。

绘本《阿利的红斗篷》里也有一个引人发笑的角色。故事讲的是贫穷的牧羊人阿利是如何得到一件漂亮的红斗篷的。但在画面里，作者安排了一只一刻不停的小老鼠，你看它忙得不亦乐乎：阿利剪羊毛，它把剪刀偷走；阿利纺线，它扯着一根线回家……从故事的开头一直忙到故事的结尾。

还有那只时而帮助阿利、时而又和阿利作对的黑脸羊，还有阿利表情的变化，都带给读者莫大的“发现”喜悦。最有趣的是当阿利高兴地穿上新斗篷时，黑脸羊居然偷偷把斗篷啃出了几个“锯齿”——看来，明年人们又会说“可怜的阿利”了，明年阿利又得做新斗篷了。

作者为什么要放入这只处处捣乱的小老鼠呢？阿利需要一个红斗篷其实很简单，只要把羊毛剪了卖掉买一件红斗篷就可以，为什么还要自己做？

作者想告诉我们什么？阿利真的可怜吗？

作者想给我们展现的是辛勤劳动后的快乐，锲而不舍的精神，利用自然资源改变自己生活的伟大的创造力。诗人金波有一首儿童诗《不应当只记得》，和这本绘本想要表达的意思相似，所以在读这本绘本之前读一读《不应当只记得》是非常必要的。

**不应当只记得**

不应当只记得，
牛奶是从奶瓶里倒出来的，
还应当知道，
牛奶是从奶牛身上挤出来的——
牛从大草原上走来，
草原很辽阔，很遥远。
不应当只记得，
苹果是从奶奶的菜篮子里取出来的，
还应当知道，
苹果是从树上摘下来的——
苹果树长在土地上，
土地很黑，很肥，
泥土里还有人们的汗水。
……

# 第四节　绘本阅读的策略

## 一、阅读方法

1. 耐心倾听

怎样让孩子喜欢上绘本？日本儿童文学作家松居直认为要靠耳朵，他指出绘本并非是让孩子自己读的，而应该由大人读给孩子听。读绘本首先意味着共同拥有从中获得的喜悦。读绘本的人，可以把绘本中呈现的最美的语言转化为自己的东西，然后用声音表达出来，表达得越喜悦、越快乐、越美，这些体验就越能长久地停留在孩子的生命里。

孩子不识字的时候，大人应该读给他听；即使孩子识字了，大人也应该读给他听。听，会让孩子牢记在心里，特别是那些有意思的书，孩子可能一辈子都忘不了。

现在很多孩子从婴幼儿时期就开始看电视，总是作为接受方在被动地、机械地看。电视的语言是机器的语言，是不能很深地影响孩子的心灵的，并且看电视也会让孩子的阅读能力下降。而绘本会引领孩子走入故事的世界，引领他们用自己的力量去进行创造。

给孩子读书，孩子一边用眼睛读画，一边用耳朵听故事，看和听是同时进行的。如果是自己读书，首先要读文字，然后看图画，或是看图画后再读文字，两者不能同时进行。但是听人读，可以同时做到。并且，用耳朵听到的世界和用眼睛看到的世界会重合在一起。实际上，孩子心中出现的那个世界就是绘本。

2. 鉴赏型阅读

有些绘本语言优美，抒情意味浓厚，但故事性不太强。对这一类绘本，教师可以指导学生进行赏读。如绘本《圆圆的月亮》描述了一个充满诗情画意的故事：一个宁静而又温馨的夜晚，圆圆的月亮照着原野上的一个小屋和屋里的一个小女孩，照着房顶上的一只野猫，照着两只吵架的小鸟，照着一只迷路的狗，照着一个站长，照着旷野上的一对鼠兄弟，照着田野上的稻草人，照着迫不及待跃出水面的小鱼……

蓝色的基调，柔柔的，有种静谧之美，给人很温馨的感觉。简洁的文字清晰地描绘出了一个个月光下的画面，仿佛这些画面也随之进入了梦乡，有些朦胧，但是很美，给人清新宁静的感觉。阅读那画面、那文字时，仿佛置身其间。

教师在指导学生赏读时，可让学生听教师大声读，在为学生朗读的过程中，教师要将自己对绘本内涵的感悟、对绘本文字的品味等，通过声音、语调等传达给学生，带给学生强烈的情感熏陶、无声的语言滋养与畅快的阅读享受。

3. 表演型阅读

有的绘本故事情节曲折，人物形象鲜明，语言描写生动。阅读这类绘本时，可设计角色对话与情节表演，鼓励学生将故事表演出来，充分发挥学生的表演天赋。这样做可以使学生在边读边演中融入故事，走近人物，获得真实的体验，提高各方面的能力。

如阅读绘本《我也可以飞》后，可让学生改编后表演。

太阳出来了，新的一天开始啦！小鸟一家忙碌了起来。鸟爸爸鸟妈妈正飞来飞去捉虫子。

小鸟：爸爸妈妈，我想飞起来。

鸟爸爸鸟妈妈：孩子，你现在太小啦！等你长大了，就能飞了。

小鸟：假如我还太小，当不成飞鸟的话，那么我就去当蚂蚁。

小鸟：嘿！小蚂蚁，我来学你好不好？

蚂蚁：可你不是蚂蚁呀！你看，你能像我们一样，在长长的树干上走路吗？

小鸟：我可以，我可以的，我这就去试试看！

说完，小鸟就在树干上走了起来，一不小心从树干上跌落到一片树叶上。

蚂蚁：哎！不行，不行！你不是蚂蚁，你不会在树干上走路，你还是去学别的吧。

小鸟很伤心，这时他看见了一只小松鼠……

这样的表演能激发学生的兴趣，同时使学生深入理解绘本所要表达的内涵。

4. 对话型阅读

有的绘本故事性不是太强，故事中的人物较少，只有一两个，但是故事内容很感人，这类绘本适合对话阅读。

如《亲爱的小鱼》这个绘本以静谧的蓝色为背景，那是海天一色的蓝。蓝色代表深沉和忧郁，在这个故事里，蓝色还代表想念，是一种更深沉的温暖。这样的故事非常适合对话表演，可由一名学生扮演猫咪，另一名学生扮演小鱼，展开如下对话：

猫咪：亲爱的小鱼，我好爱你。我喂你面包，你要快快长大。

小鱼：亲爱的猫咪，你好爱我。你喂我面包，我要快快长大。

猫咪：每一天我都会亲亲你，我答应你，永远不会忘记。

小鱼：每一天你都会亲亲我，你答应我，永远不会忘记。

猫咪：我知道你也爱我，我让你自由，你一定要回来。

小鱼：你知道我也爱你，你让我自由，我一定要回来。

……

这样的对话有利于学生对绘本内容加深印象。

5. 猜想型阅读

想象是绘本阅读的重要方法。读绘本时我们可以先让学生看封面，根据封面中的图画与文字猜故事，使整堂课弥漫着想象的色彩，然后一边读文，一边赏图，让学生的思维随着图文驰骋千里。在想象空间大的地方，可以让学生先猜想再画，在读文赏图的过程中或在读完整个故事之后，引导学生前后对照着品味细节，以产生心灵的感悟。

《蚯蚓的日记》是一本极为有趣的绘本，以书写日记的形式，记录了小蚯蚓的观察及思考，记录了发生在学校、家庭和朋友之间的生活点滴，还有小蚯蚓对自我、未来的想法。小蚯蚓始终拥有乐观的心态，读该绘本能帮助学生培养乐观、积极的心态。整个故事是小蚯蚓自己的表达，很多地方可以加入想象：蚯蚓没有手脚，他是如何写字的？他是如何看书的？他的桌子和凳子是什么样子的？用餐的时候，他使用什么餐具？睡觉时，他的帽子会挂在哪里？如果他被蜜蜂蜇了，会怎样？

如绘本《晚安，大猩猩》，全书文字并不多，但幽默耐读，温情脉脉，图画更是闪耀着卡通色彩，整个故事就像是作者用浓浓的夜色与五彩缤纷的荧光粉画出的一个梦。活泼俏皮、栩栩如生的动物形象让人忍俊不禁，气球、小老鼠、大香蕉等充满童真童趣的细节更是能让学生融入其中。一开始我感觉这个绘本故事太过简单，反反复复地就是几句话："晚安，大猩猩""晚安，大象""晚安，狮子""晚安，×××"……其中有两种动物鬣狗和犰狳不太常见。我想，还是让学生读读吧，看看他们的反应如何。

于是，我就拿着绘本去给学生上课，这本语言描写非常少的绘本给了我非常大的自由发挥空间，我可以天马行空地加入许多东西，而且我越讲越发现这本绘本具有独特的魅力。其中有两个黑夜的画面很精彩，其中一个画面是大面积的黑色，各种动物在他们安睡的地方说"晚安"，这能很好地锻炼学生们的记忆能力。紧接着的一个画面是在大面积的黑色中亮起了一双充满了惊奇的眼睛，这引发了学生强烈的好奇心。

通过这本绘本，我还教会了学生要注意细节，如管理员叔叔家里的墙壁上都挂了哪些照片，台灯与床头灯的区别，管理员叔叔的帽子挂在哪儿，大猩猩坐在床上是怎么打呵欠的，阿姨发现大猩猩睡在她旁边后，大猩猩是怎么冲着她笑的，大猩猩跟在阿姨的后面偷偷做出了怎样的手势。还有更可爱的是，无论哪一页都有只可爱的小老鼠，小老鼠无论走到哪儿都拽着一根香蕉，到了最后一页，睡觉之前，只剩下了香蕉皮……这本绘本不仅仅表达了人与动物可以和谐有趣地相处，还教会了学生排序。管理员叔叔先跟大猩猩道晚安，然后大猩猩偷了管理员叔叔的钥匙，后来他们又去看了大象、狮子、鬣狗、长颈鹿、犰狳，一直到书的结尾，这些动物们一直根据这个顺序排序。这既锻炼了学生的思维，同时也让学生读懂了故事的情节。

6. 探究型阅读

低年级学生对世界的认识非常有限。绘本丰富的内容能为学生提供各种观察性、思考性、感受性的认知学习经验，使他们在阅读过程中对自然、科学、社会、艺术等产生好奇心与探究欲望，并在此引领下不断地观察自然与社会，展开持续性阅读。

《蚯蚓的日记》中渗透了许多关于蚯蚓的知识，例如，为什么下雨的时候蚯蚓要跑到人行道上？蚯蚓吃什么食物？如何分辨蚯蚓的头部和尾部？……学生对绘本中的科学知识非常感兴趣，不仅在课堂上积极讨论、交流，还在课下通过各种途径了解有关蚯蚓的知识，甚至到泥土里寻找蚯蚓，进行观察。

记得一次大雨过后，学生们来到操场做操，这时塑胶跑道上竟然扭动着几条蚯蚓。我轻轻念出："下了整晚的雨，地下湿透了。我们一整天都待在人行道上。跳房子是一种非常危险的游戏。"此时，几个女生竟然忘了做操，拿出纸巾，把蚯蚓一条一条地捡起来放回草丛中……

## 二、绘写方法

在进行绘本导读时，教师可以根据绘本精美的图画、凝练的文字，利用情节相似和语句重复的特点，让学生模仿作品的结构进行仿写、改写、续编或创作。

1. 由内容仿写

许多绘本中重复的结构、简单有趣的语言，是学生仿写的好媒介。在仿写的过程中，让学生去探索作家笔下的世界，迁移运用绘本中精彩的表达方式。如学生读了绘本《我爸爸》后，可以仿写《我妈妈》；读了《我绝对绝对不吃番茄》后，可以仿写《我绝对绝对不……》。

2. 由结尾续写

许多绘本都有这样一个特点：故事的结尾又是一个新故事的开始。针对这类绘本，我们可以让学生发挥自己的想象力续写故事。

从一年级开始，每讲一个故事，我总是想办法挖掘学生的想象力，让他们回家进行续编。有时候我会故意留一个结尾，让学生续编下去。如《三只小猪》中讲到大灰狼看到小猪聪聪的屋顶上有个大烟囱，就奋力爬上屋顶……结局会怎样呢？我让学生续编下去。

有时候我会等故事结束后再让学生续编，如绘本《白鹳的报复》，狐狸回到家饿得翻来覆去睡不着，他想：早知今日，何必当初？故事到这里结束了，我设计了这样一个话题：第三天，狐狸会怎样做呢？请你续编下去。已沉浸在故事中的学生对这个任务一点儿也不觉得难。

3. 由空白练写

许多绘本在画面的设置或语言的表达上都留有空白，这些空白引领着我们去发现、去想象、去创造。教师要有一双慧眼，善于抓住绘本的空白处，让学生进行想象创作。在读完绘本《艾玛与表弟韦伯》后，我问学生："韦伯到底是怎样爬上树的呢?"我们来看看学生们的想象吧。

生：韦伯很顽皮，最喜欢和伙伴们开玩笑。这不，他看到护林工人站在木梯上修剪树枝，就趁护林工人不注意利用木梯偷偷地爬上了树，护林工人拿走了木梯，韦伯就下不来了……

生：韦伯不喜欢自己身上的黑白格子，他想改变自己的颜色，正好看到一棵树上长满了各种颜色的果子，他想把果子摘下来，然后把各种颜色抹在身上，于是用长鼻子勾住树枝，谁知果子没摘到，自己反而被甩到了树上……

生：韦伯看到一棵大树，觉得在树上可以呼吸更新鲜的空气，可以触摸蓝天，还可以学鸟叫，这更让艾玛和伙伴们羡慕，于是用鼻子勾住树枝，用两腿抱着树干，一步一步爬了上去……

## 三、与晨诵结合

晨诵是一种仪式，一种师生共同穿越诗歌、享受生命、开启新的一天的洗礼仪式；晨诵是一种氛围，教师与学生一起朗诵、一起感受、一起陶醉，相互激励，教师、学生、诗歌三者交织在一起；晨诵是一种精神，一种来自教师自身的感染、传递以及教师对学生的欣赏和鼓励，使师生能以崭新的、富有活力的精神面貌迎接新的一天；晨诵还是一种积累，一种对经典、对优美语言的积累。

晨诵课旨在让学生在每天的黎明时分与经典诗词共舞，让他们的生命在每天的第一时间得以舒展，师生间共同传达一种愉悦、饱满的精神，并以此开启一天的学习和生活。因此，我们努力让学生养成晨诵的习惯。

对许多晨诵的诗歌，学生能一下子感觉到它们的力量与美，但又无法理解其全部奥秘。如此一来，每一次朗诵都会带来新的感悟，而从新的感悟中，又将萌动出新的力量与美，这就是经典。

除此之外，可以利用晨诵课给学生阅读一首小诗，以此开启绘本课堂。这些小诗，有的是根据绘本内容精心挑选的，有的是根据特定的节日精心安排的。

例如，新学期开始共读绘本《好饿的毛毛虫》时，我选择了《新新的课本》作为晨诵课的开启诗。为了让学生喜欢上绘本，我又推出了风趣幽默的“可爱的鼠小弟”系列绘本，而在晨诵课上配套推出的是同样具有趣味性的“颠倒歌”系列儿童诗。

二年级下学期，我们要学习的是《花婆婆》《我的名字克丽桑丝美美菊花》等绘本，配合这些绘本在晨诵课上推出的是“春天”系列诗歌。例如，高洪波的《我想》：我想把小手/安在桃树枝上/带着一串花苞/牵着万缕阳光/悠呀，悠——/悠出声声春的歌唱/我想把脚丫/接在柳树根上/伸进湿软的土地/汲取甜美的营养/长呀，长——/长成一座绿色的帐篷……

还有顾城的《梦想》：种子在冻土里/梦想着春天/它梦见——/自己舒展着颤动的腰身/长睫旁闪耀着露滴的银钻/它梦见——/蝴蝶轻轻地吻它/春蚕张开了新房的金幔……

这是一种多么完美的结合呀！

一本优秀的绘本承载着很多信息，学生能从中发现很多的细节，会获得无限的乐趣。绘本中的图画内容比文字更丰富，教师一定要先仔细阅读，才能有效教学。绘本是儿童阅读的桥梁，我们要让学生通过绘本爱上阅读、学会阅读。

绘本的力量是神奇的，在阅读中，学生们学会了自律，学会了换位思考，学会了珍惜，学会了尊重，学会了理解……学生们变得更儒雅、更自信、更阳光了。

附：

## 《大卫，不可以》教案设计

【教学目标】

1. 学习绘本阅读方法，通过听教师讲故事，培养集中倾听能力。

2. 通过独立阅读，养成仔细观察的习惯，学会主动思考，独自深入故事情境，提升阅读能力。

3. 通过对绘本故事的创编，培养想象力，提高运用绘画语言、口头语言、文字语言的综合表达能力。

4. 以涂鸦作品为提纲，进行口头语言表达训练，提高表达能力。

5. 通过学习，理解妈妈对大卫说“不可以”也是一种爱，从而正确理解父母对自己的关爱，激发阅读绘本故事的兴趣。

【教学重难点】

1. 通过听故事及观察图画变化理解绘本内容。

2. 进行绘本创编，并利用图文进行表达。

3. 通过图画感受大卫的调皮捣蛋以及母爱的温暖。

【教学过程】

一、诗歌引入

配乐朗读林焕彰的诗歌《妈妈的话》。

妈妈的话

夏天的太阳是一团火，
妈妈说：小孩子不能到外头去。
可是，窗外有一只鸟儿在叫我。
可是，树上有一只鸟儿在叫我。
可是，天空也有一只鸟儿在叫我。
我很想飞出去！
我很想飞出去，
窗外有一只鸟儿在叫我，
树上有一只鸟儿在叫我，
天空也有一只鸟儿在叫我。
可是，妈妈的话还在耳边，
不断地说，不断地说……

二、粗知大意

先让学生快速地看图画和读文字，大概了解整本书的内容，这是读绘本的一种方法。接下来和学生一起细细地品味图片，引导学生读出更多的内容。

引导学生观察扉页上妈妈的动作，她为什么叉着腰呢？原来是妈妈生气了，妈妈为什么生气呢？为什么要说“大卫，不可以”呢？封面、扉页、作者介绍完毕开始进入第一环节。

封面信息：文/图：（美）大卫·香农　翻译：余治莹。

扉页信息：“大卫，不可以”是妈妈对大卫说的话，从穿着裙子叉着腰的妈妈身上看出来的。

环衬信息："大卫，不可以"是大卫写在墙上的。

教师补充：大卫做了些什么事情不被妈妈认同呢？今天老师就把这个绘本故事带给大家。

三、仔细品读

思考：大卫做了些什么事情不被妈妈认同呢？

教师一边播放绘本 PPT，一边讲故事。

图一：大卫舌头舔着嘴唇站在椅子边上，倾斜着身子，颤巍巍地去够小熊糖罐。妈妈喊："大卫，不可以！"

图二：大卫带着满身泥巴，还有长在泥巴上的小草和小蘑菇回家。地毯上留下一串黑脚印，妈妈喊："天哪！大卫，不可以！"

图三：大卫在浴缸里玩海盗船的游戏，浴室里水流成河，妈妈喊："不行！不可以！"

图四：大卫光着屁股跑出门，妈妈喊："大卫，快回来！"

图五—图七：大卫拿起了锅勺用力敲打，妈妈喊："大卫！不要吵！"大卫用叉子把土豆、鸡腿、豆角叉成一个小人，妈妈说："不可以玩食物！"大卫的嘴里塞满了四季豆、花菜、西兰花、萝卜、豆子、鸡腿等食物，但似乎还不够，妈妈喊："大卫，不要吃了！"

图八—图九：已经很晚了，可是大卫还没有看完超人的电视，妈妈喊："回房间去！"看不了电视就到床上演超人吧，大卫超人正全副武装在床上跳跃着，妈妈喊："躺下来！"

图十：大卫挖鼻孔，妈妈喊："不可以挖鼻孔！"

图十一：屋子里到处都是玩具，非常凌乱，妈妈喊："把玩具收好！"

图十二—图十三：大卫身穿棒球装，手持棒球棍，妈妈喊："大卫，不可以在屋子里玩！"大卫没有听妈妈的话，在屋子里打棒球，把花瓶打碎了。妈妈说："我说过，大卫，不可以！"大卫被罚坐在小圆凳上面壁思过。

最后两幅图：妈妈对大卫说："宝贝，来这里！"然后给了他一个温暖的拥抱，对他说："大卫乖……我爱你！"

四、练习说话

选择一幅你喜欢的图，观察大卫在做什么。

练习说话：大卫，不可以……因为……

【设计意图】让学生专注倾听教师讲述绘本故事，理解内容并回答相关问题，这种师生共读，是对学生注意力的训练。让学生练习说话，则旨在培养学生的口语表达能力。

学生听完故事简要复述：大卫做了哪些事情，妈妈说不可以呢？

预测：够小熊糖罐、带脏东西回家、浴室玩游戏、敲锅勺、玩食物、暴饮暴食、光着身子出门、挖鼻孔、乱扔玩具、很晚了不休息、室内玩棒球打坏家里物品。

五、自主阅读

边读边观察，认真思考：妈妈为什么不让大卫做这些事情呢？

要求：观察时注意人物的动作、表情以及画面的一些细节之处，汇报交流时抓住这些方面把理由说具体，表述要清楚。

预测学生汇报：

1. 大卫脚踩着椅子边缘，左手紧紧抓住壁橱的下方，右臂向上高高举起，伸手正想去够妈妈放在壁橱最上层的小熊糖罐。他紧抿着嘴巴，舌头却露在外面，两只眼睛盯着小熊糖罐，一副不达目的决不罢休的模样。他这样不仅会打坏家里的物品，还可能摔倒，是很危险的。

2. 大卫身上太脏了，他不讲卫生，会弄脏地板和沙发。所以妈妈会说："大卫，不可以！"如果你刚打扫好的教室被别人弄脏了，你的心情会怎样？

3. 大卫出门不穿衣服——不文明，应该喊他回来穿衣服；把锅勺当鼓敲制造噪音，影响他人；玩食物，不知珍惜他人的劳动成果；很晚了还在看电视、玩游戏——影响休息；玩具扔得到处都是，不知道整理；在屋里打棒球，打碎了花瓶。

大卫做了那么多不可以的事后，你觉得妈妈会怎么做？怎么说？（大卫，你再这样我就——）妈妈真的发火了，大卫会怎么样呢？（坐在角落里哭）大卫为什么哭？知道错了的大卫听到妈妈的呼唤，会怎样做呢？（想得到妈妈的拥抱，得到妈妈的原谅）妈妈原谅大卫了吗？看最后一幅图。妈妈既然爱大卫，却为什么总对大卫说"不可以"呢？（怕大卫受伤，怕大卫养成不好的习惯）

【设计意图】让学生在问题引导下阅读绘本，深入理解妈妈对大卫的爱。

六、对话文本

1. 学了这个故事，你觉得大卫是个怎样的孩子？妈妈又是个怎样的人？(大卫淘气，爱搞恶作剧。妈妈既严厉又温柔，内心充满了对大卫的爱)

2. 你喜欢这样的妈妈吗？为什么？

七、绘本创编

同桌互相说一说，你还能想象出大卫做了哪些妈妈认为不可以的事吗？拿起你的笔画一画吧，画完之后讲给同学听。

八、感受母爱

在生活中，你的妈妈什么时候会对你说“不可以”？为什么不可以？妈妈在说“不可以”的时候心里会怎么想？

【设计意图】让学生用图画的语言表达文字的意思；以涂鸦的作品为提纲，用口头语言进行丰富而完整的阐述，以提高学生的表达能力。

九、链接生活

1. 画一画：生活中有哪些不可以做的事？

2. 说一说、写一写：××，不可以……因为……

【设计意图】打通绘本和“我”之间的壁垒，引导学生从文本链接到生活。

## 《温情的狮子》教学实录

【教学目标】

1. 阅读绘本，了解故事内容，掌握阅读绘本的基本方法。

2. 通过看图、听读来感受狮子哆哆和狗妈妈之间的美好感情，培养阅读绘本的兴趣并受到爱的熏陶，感悟生活的美好。

3. 孝敬父母，拥有一颗感恩的心。

【教学重难点】

1. 理解内容，尝试用语言、动作表述故事内容。

2. 感受爱、回报爱。

【设计理念】

日本儿童文学作家松居直认为：“图画书是通过优美的语言和图画表

现出来的，这些语言和图画只有成为朗读者自己的感受读给孩子听，才能被接受。当朗读者把图画书所表现的最好的语言用自己的声音、自己的感受来讲述时，这种快乐、喜悦和美感才会淋漓尽致地发挥出来，图画书的体验才会永远地留在聆听者的一生当中。”通过教师大声读，引导学生大胆猜想，了解故事的内容，认识主人公狗妈妈和狮子哆哆的形象，感受狮子哆哆和狗妈妈之间美好的感情。渗透方法指导，引导学生在看图过程中读懂故事、发现细节、感悟内涵。通过导读交流，激发学生的阅读兴趣，提升学生的阅读能力。

【教学过程】

一、谈话导入

1. 课前吟诵诗歌《妈妈的爱》。

2. 朗诵谭旭东的儿童诗《孩子对星星的诺言》。

孩子对星星的诺言

孩子对星星有许多诺言
孩子的诺言是在梦中想好的
孩子在梦中想起了太阳
想起了太阳里灿烂的花朵
想起了花丛里藏着鸟儿的啼鸣

孩子对星星有许多诺言
孩子的诺言是在清晨想好的
孩子在清晨想起了露珠
想起了露珠里闪动的阳光
想起了阳光里摇曳的七色的梦

孩子对星星有许多诺言
孩子的诺言是在月夜里想好的
孩子在月夜里想起了银河
想起了银河里纯洁的星星
想起了星星眨巴着
透明的眼睛

师：今天老师给大家讲一个特别感人的故事，这个故事是日本的柳濑嵩先生写的，小鱼儿翻译的。柳濑嵩是日本著名的绘本作家，《温情的狮子》是他的成名作之一。

师：狮子给你的印象是怎样的？温情是什么意思？凶猛的狮子怎么会变得温情呢？今天就让我们走进绘本，读读这个感人的故事。（板书课题，学生齐读课题）

二、故事导读

1. 幸福生活

师：在某国郊外的动物园里有一只失去了爸爸妈妈的小狮子，小狮子孤苦伶仃，整天浑身发抖，哆哆嗦嗦，大家都叫它“哆哆”。你觉得哆哆是一头怎样的小狮子？

生：很可怜的狮子。

生：很孤独的狮子。

师：于是，动物园给小狮子找了个狗妈妈。狗妈妈唱摇篮曲给哆哆听……狗妈妈为培养哆哆付出了自己全部的爱。（此时画面展现狗妈妈给小狮子喂奶、唱摇篮曲、饭前检查哆哆的手指等细节）

师：你觉得这是一位怎样的妈妈？

生：我觉得狗妈妈完全把小狮子当成自己的孩子了。

生：狗妈妈真有爱心！

生：狗妈妈真细心！

2. 伤心别离

师：小哆哆长成了一头大雄狮。可狗妈妈一天天老了，不过身体还很结实。有一天，哆哆被送到城里的动物园……

师：哆哆舍得离开朝夕相处的妈妈吗？他会怎么想？

生：他会想：“我走了，谁来照顾妈妈、陪伴妈妈呀？”

生：他会想：“妈妈，我不想离开你。”

引导学生观察画面：狗妈妈会如何呢？看到马车越走越远，她会怎样？

生：她很难过，很伤心。

生：她想：“哆哆走了，什么时候能回来呀？”

生：哆哆的生活会怎样呢？

师：马车越走越远，哆哆离狗妈妈也越来越远。看着朝朝暮暮陪伴自己的孩子远去，狗妈妈心里是多么难过呀，你们看一颗泪珠正在滑落……

生：我真不愿意离开妈妈。

生：我舍不得离开妈妈，现在的狗妈妈多孤单呀！

师：好几年过去了。狮子哆哆现在是马戏团里走红的大明星了。白天，哆哆会看到什么，听到什么？

生：会忙着表演，看到很多人，听到很多喝彩。

师：可是到了晚上，哆哆就会想念狗妈妈，想起那首温情的摇篮曲。和每天一样，这个晚上哆哆又在笼子里睡着了。这时，从遥远的地方传来了那首熟悉的摇篮曲。（播放《摇篮曲》）

师：听到这首熟悉的摇篮曲，哆哆会想些什么？

生：狗妈妈年纪大了，现在的身体好不好？

生：他会想妈妈过得怎么样了。

师：是呀，哆哆听到摇篮曲，再也忍不住了，他一定要去看看狗妈妈。

3. 心碎重逢

师：哆哆使出浑身的力量撞坏笼子冲了出去。城里一片混乱，端着来复枪的警察在追赶狮子。在小城边白雪覆盖的小山坡上，哆哆找到了狗妈妈！狗妈妈已经老态龙钟，看上去奄奄一息。这时，哆哆会对狗妈妈说什么？

生：哆哆会对妈妈说："妈妈，我想死你了！"

生：哆哆会对妈妈说："妈妈，我们再也不分开了。"

师生齐读："妈妈，这次我们再也不分开了，永远生活在一起吧！"

这时学生们的眼圈红了。

师：就在这时，警长下令："开枪！"……哆哆把狗妈妈紧紧地抱在怀里倒下了……

学生们一下子沉默了，有的已经泣不成声……

师：是啊，我们都希望哆哆可以永远和狗妈妈在一起。

出示：故事结束了吗？你希望故事结束吗？你希望故事的结尾是怎样的？

师：小山坡的雪地上，留着哆哆的脚印。奇怪的是，脚印在小山坡的中央突然不见了。有好多人说，当天晚上他们看见一头狮子，背上驮着一只老狗飞走了。他们会飞到哪里去呢？哆哆和妈妈到底有没有被打死呢？

学生们展开了激烈的讨论。

三、故事续编

1. 哆哆和狗妈妈去了哪里？会发生些什么？把你续编的故事讲给爸爸妈妈听。

2. 为创编的故事配画。

四、好书推荐

1. 结语：孩子们，这节课我们阅读了《温情的狮子》，认识了温柔善良的狗妈妈和纯真可爱的狮子哆哆，这么感人的故事一定会让我们难以忘怀。

2. 推荐阅读：柳濑嵩先生的《小白马》《再见小象》。

## 《大脚丫跳芭蕾》教学实录

【教材分析】

贝琳达是一个喜欢跳芭蕾舞的女孩，她每天去舞蹈学校，认真地练舞。她跳舞的时候，姿态优雅、脚步轻巧灵活。在一次芭蕾舞表演选拔中，贝琳达因为脚大被评审委员们奚落。贝琳达看着镜中的自己，默默脱下了心爱的舞衣，不再跳舞。她来到费莱迪餐厅工作，受到餐厅里的客人们的喜欢，因为她动作轻快、脚步轻盈。只是，她还是怀念舞蹈。

一天，在餐厅乐团美妙的音乐声中，她不知不觉跳起舞来。在老板的邀请下，她开始为客人们跳舞，并获得了越来越多的赞誉，甚至连大都会芭蕾舞团的指挥也被感动了，力邀她到大都会剧院去表演。贝琳达终于在舞台上得到了热烈的掌声和美丽的鲜花，那些评审委员们也在齐声叫好。但此时，贝琳达的快乐是因为可以一直跳舞。至于那些评审委员们说些什么，她一点儿也不在乎了……

【教学目标】

1. 通过看图猜故事、句式练习，培养想象、审美、表达的能力。

2. 把握整本书的主要内容，理解人物内心的变化；通过观察图画，学习以小见大的写作方法。

3. 通过学习绘本，懂得珍惜自己的长处，树立积极的人生观。

【教学重难点】

用心观察，合理想象，图文结合，边读边想。

【教学过程】

一、激趣导入

师：法国思想家、文学家罗曼·罗兰说："从来没有人读书，只有人在书中读自己、发现自己或检查自己。"阅读就是一个发现的旅程。从题目开始，你发现了什么？

二、观封面，入情景

师：观察封面，你看到了什么？

生：主人公的脚特别大。

生：作者是美国的埃米·扬。

师：你对芭蕾舞了解吗？

生：对舞蹈者身材比例要求高，需要脖子长、胳膊长、腿长、脚小等。

师：你是从哪里知道这些知识的？

生：从书上看来的。

师：你真了不起。你还是个很爱分享的好孩子。（出示：这是关于________的故事。）

生：这是关于自信的故事。

生：这是关于一个长着一双大脚丫的女孩跳芭蕾的故事。

生：这是关于励志的故事。

生：这是关于梦想的故事。

三、理情节，悟内心

师：让我们走进故事。贝琳达喜欢跳舞，可是，贝琳达有个大问题，嗯，应该说有两个大问题：就是她的左脚和右脚。

师：两只大脚很可能给她带来什么？

生：可能骨折，可能受伤，可能摔倒……

师：她天天练习，姿态优雅，脚步轻巧灵活。可是在一年一度的芭蕾舞表演选拔中，她的一双大脚遭到了评审委员的讥讽。贝琳达很难过，这时你从画面中发现了什么？

生：评审委员的指责，让贝琳达开始怀疑自己。

生：花洒滴下的一滴水，代表她难过的心情。

师：还可以用什么方式表达贝琳达此时的心情？画面？文字？色彩？

生：一个人在沙滩上流泪。

生：一个人坐在椅子上泪流满面。

师：（播放《天鹅湖》音乐）在音乐的旋律里，她曾经那么优雅，贝琳达很难过，难过了好久好久。她还会跳舞吗？

师：她告诉自己："我放弃跳芭蕾舞吧。"既然不再跳舞，她就得找别的事做。可是，她除了跳舞，什么都不会。她找啊找，终于在费莱迪餐厅里找到了工作。

师：梦想破灭，生活还要继续下去。

师：一次偶然的机会，贝琳达跳起了芭蕾舞，客人们都很喜欢，每天都有很多人来费莱迪餐厅看贝琳达跳舞。这时，你发现——

生：客人不会以大脚挑剔人。

生：客人给了贝琳达自信。

师：芭蕾舞应该在大剧院里，舞蹈者穿上一身特别的行头来跳，这样高雅的艺术竟然在普通的餐厅里出现了。接下来引发的故事，一定会更有趣。

师：大都会芭蕾舞团的指挥听说了这件事，也来看贝琳达跳舞。

师：（引导学生观察图）首先他很惊讶，他惊讶的是什么？接着他非常赞赏，他赞赏的是什么？到最后他觉得好感动，他感动的又是什么？

师：请小组合作，每组选其中的一处，或谈为什么惊讶，或谈为什么赞赏，或谈为什么感动，一会儿进行全班分享。

第一组交流：赞赏

生：指挥一定是造诣很高的艺术家，他应该是从艺术的角度来赞赏的，由此可见，贝琳达的舞蹈一定非常完美。她对音乐的诠释一定达到了指挥的要求。他赞赏贝琳达虽然拥有一双大脚，居然还跳得这么好、这么完美。

第二组交流：惊讶

生：拥有一双不适合跳芭蕾舞的大脚的贝琳达在这样的场合下居然能

跳得这么完美，让指挥很惊讶。

第三组交流：感动

生：贝琳达有一双大脚，肯定是克服了很多困难，包括心理上的障碍才跳得这样好的。她跳得特别好，脚步轻盈，姿态优雅，在这样的场合下，跳得这样专注、这样投入，让一个专业的芭蕾舞指挥为之震撼。

生：受到专业评委的否定之后，对一个付出了巨大努力的人来说，是非常绝望的，但在内心深处，她并没有绝望。她来到了一家餐厅，而且这家餐厅的客人们又非常赞赏她，喜欢看她跳舞，这使她增强了信心，同时也为她提供了让她实现自己梦想的舞台。

生：我觉得最感人的地方是她没有绝望，没有放弃。

生：指挥从贝琳达的舞蹈中感受到了她历经了一些磨难，所以他才感动。

师：你们想象得真好！正所谓百闻不如一见，所以当他看到时觉得很惊讶。

师：一个在舞蹈上被判“死刑”的人，竟然坚持自己的梦想，在餐厅里跳舞，而且跳得这样令人震撼，怎能不让人感动。画面是静止不动的，但是人的想象是无限的，随着音乐声，我们看到了翩翩起舞的贝琳达，还看到了——

生：贝琳达不仅征服了观众，还征服了评审委员们。

生：否定她的三个评审委员都来了。

师：此刻，还有谁会注意她那双大脚呢？贝琳达快乐极了，因为她可以跳舞，跳舞，一直跳舞，至于评审委员们说什么，她一点儿也不在乎了。她只是爱芭蕾，不在乎舞台大小。因为热爱，哪里都可以。

四、看封底，悟道理

师：封底上，她定格在桃心里。你发现了什么？

带领学生回味故事内容。

师：这是关于________的故事。把你们刚才的发现和大家分享一下。

生：这是关于梦想、赏识、鼓励、宽容、热情、掌声的故事。

生：这是关于感悟人生的故事。

生：我发现这里形形色色的观众，就是浓缩的小社会。

生：所谓的评审委员给她贴上了一个标签，差点使她的梦想破碎。

生：是她身边的人用鼓励挽救了她，让她树立了自信，拥有了精彩的人生。

师：贝琳达用优美的舞姿赢得了人生的尊严！“大脚丫”是什么？

生：“大脚丫”是一种累赘，是梦想路上的“绊脚石”。但坚持梦想，总有一天，“大脚丫”会变成“垫脚石”。

师：合上书，沉淀在你心里的，才是你的收获。这是一个关于________的故事。

生：梦想、励志、成长……

师：梦想依然在，就在心里。只要阅读，故事总会发生。“大脚丫”的故事，就是我们的故事，是我的故事，也是你的故事。

**五、布置作业**

1. 拿起笔创造一个属于大脚丫自己的故事。

2. 相关拓展：《大脚丫学芭蕾》等。

3. 请选择这个故事中让你最为感动的画面画下来，并配以丰富的文字描写。

# 第九章 晨诵课程实施策略

晨诵是一种课程，是一种对经典、对优美语言文字的积累，是师生享受生命的过程。晨诵课程的选材有多种形式，可以根据教材单元主题选材，可以根据季节选材，还可以自定主题选材，比如，动物类、植物类、自然类等，换句话说就是对现有的国家课程进行“二度开发”，在执行现有的教材的同时研发新的班本教材。

## 第一节　低年级晨诵课程

金波教授认为，好的童谣是心灵鸡汤，能滋润孩子的心灵，帮助他们健康成长。童谣这种文学形式，孩子们最容易掌握，通过传唱童谣，既可以得到快乐，又可以学到知识，非常有助于孩子形成良好的审美能力。

童谣特点鲜明，选材多贴近生活和自然；内容想象丰富，富有情趣；语言活泼，富有韵律，朗朗上口。对于识字量不多、理解能力较低的低年级学生来说，诵读童谣是最好的选择。我开发了不同主题的童谣课程，以开启学生的阅读之门。

**“游戏童谣”主题晨诵课程**

久远的童谣
如泥土般质朴
如山花般生姿
儿时最动听的音符
在游戏中肆意地绽放
天真的欢笑
回响在纯美的岁月里
叩打记忆的闸门
一切
又回到了从前
真好

童谣是中国古代蒙童教育中常见的形式之一，历史悠久，至今已有近3000的历史。童谣涉及游戏、常识、动物、民俗等内容，具有朴素无华、音韵和谐、语句简练、朗朗上口、易懂易记、幽默诙谐等特点，融民俗性、教育性、趣味性、文学性、创造性、可读性于一体。

著名教育家陈鹤琴先生说过，小孩子生来是好动的，是以游戏为生命的。对一年级的学生来说，这一点体现得尤为明显。

在“游戏童谣”主题晨诵课程中，我选入《跳长绳》《炒黄豆》《拉箩箩，扯箩箩》《拍手歌》《拉大锯》等近20首童谣。每天清晨，我与学生一起边诵读边游戏。该主题晨诵课程不仅是对传统童谣的传承，还使学生们在快乐的游戏中拓展了视野，爱上了阅读。

所选童谣都是基于儿童的内心活动和内在发展需要创作的，会给学生带来全新的感知。在边读童谣边做游戏中，学生不仅滋润了的心灵，还锻炼了身体，同时，对开朗乐观人格的塑造、思想品德的形成、美好情感的培养、行为习惯的养成，乃至优美语言的熏陶都有着不可替代的作用。

**跳长绳**

一根长绳两头摇，
又像波涛又像桥。
你学鱼儿浪里游，
我学马儿桥上跑。
唱呀唱呀跳哇跳，
脚步轻轻别摔跤。

**拉箩箩，扯箩箩**

拉箩箩，扯箩箩，
收了麦子蒸馍馍，
蒸个黑的，
放到盔里，
蒸个白的，
揣在怀里。

**炒黄豆**

炒，炒，炒黄豆，炒黄豆，
噼里啪啦翻跟头。
炒，炒，炒红豆，炒红豆，
噼里啪啦翻跟头。
炒，炒，炒（　　）豆，炒（　　）豆，
噼里啪啦翻跟头。

**拍手歌**

你拍一，我拍一，一个小孩儿坐飞机。
你拍二，我拍二，两个小孩儿丢手绢。
你拍三，我拍三，三个小孩儿来搬砖。
你拍四，我拍四，四个小孩儿写大字。
你拍五，我拍五，五个小孩儿敲锣鼓。
你拍六，我拍六，六个小孩儿拣豆豆。
你拍七，我拍七，七个小孩儿穿新衣。
你拍八，我拍八，八个小孩儿吃西瓜。
你拍九，我拍九，九个小孩儿齐步走。
你拍十，我拍十，十个小孩儿在学习。

**拉大锯**

拉大锯，扯大锯，
姥姥家，唱大戏。
你想去，我想去，
找个伴儿一起去。
没有伴儿唱一曲，
没有伴儿唱一曲！

通过游戏童谣让学生全身心地投入诵读中，将自我融入世界、自然，纯粹地去感受这些童谣带给他们的快乐，用一颗最原初、最本真的心，去自由地汲取天然的养分。

对于刚刚跨入小学大门的学生来说，新的校园、新的环境、新的老师、新的伙伴，让他们充满了陌生与好奇。怎样让他们快速适应并喜欢上一年级的学习与生活呢？我选择让儿歌来陪伴他们。

**上学歌**

盛茹茵

太阳当空照，
花儿对我笑。
小鸟说："早，早，早，
你为什么背上小书包?"
我去上学校，
天天不迟到。
爱学习，爱劳动，
长大要为人民立功劳。

**小白鹅上学校**

赵家瑶

小白鹅，上学校，
走一走，摇三摇，
东望望，西瞧瞧，
走到学校迟到了！

**秧苗做操**

风老师，吹口哨。
小秧苗，做早操。
向左看，向右看，
曲曲身，弯弯腰。
天天练，天天操。
长得壮，长得高。

在读《秧苗做操》的时候，我会带学生玩游戏，把"小秧苗"换成

“小朋友”，把“风老师”换成老师的名字。这样儿歌就变成了学生此时此刻的真实写照。

我选择的这些儿歌，都和学生的生活紧密相连，不仅富有童趣，而且有一定的节奏和韵律，符合一年级学生的心理特点和认知特点。在诵读与交流中，我注意把儿歌与学生在学校生活中的问题结合起来，引导学生尽快融入新的班集体，适应小学生活。

**“为世界增添一分美好”主题晨诵课程**

有一轮红月亮
高高挂在蓝天上
享受着太阳的温暖
努力发出自己的光芒
小小的红月亮
心中有一个大大的愿望
用自身微弱的光亮
为世界增添一分美好

爱，是人类永恒的话题。二年级下学期，我带领学生一起诵读了一组主题为“为世界增添一分美好”的诗歌，课程的主题诗是周梦蝶的《我是一只小蝴蝶》，主题曲是《梦想》。

**我是一只小蝴蝶**

周梦蝶

我是一只小蝴蝶
我不威武，甚至也不绚丽
但是，我有翅膀，有胆量
我敢于向天下所有的
以平等待我的眼睛说：
我是一只小蝴蝶！

我是一只小蝴蝶
世界老时
我最后老
世界小时

我最先小
而当世界沉默的时候
世界睡觉的时候
我不睡觉
为了明天
明天的感动和美
我不睡觉

## 善良

［比利时］莫·卡列姆

要是苹果只有一个，
它准装不满大家的提篮。
要是苹果树只有一棵，
挂苹果的树杈也准覆不满一园。
然而一个人，要是他把
心灵的善良分撒给大家，
那就到处都会有明丽的光，
就像甜甜的果儿挂满了果园！

## “生日”主题晨诵课程

梦幻的小蜡烛
精美的大蛋糕
孩子过生日
甜蜜又幸福
我说：
别着急
在清晨的阳光里
用一首诗
把生命唱响

生命是多么奇妙呀！我们出生，我们活着，我们不断创造生命的奇迹——于是，我们的每一个生日，都被赋予了特别的含义。在班里学生过生日的当天，全体师生会为“小寿星”量身创编一首诗歌。这首诗歌是只属于他一个人的生日诗歌。当清晨的第一缕阳光照进教室的时候，没有丰盛的宴席，没有甜美的蛋糕，没有摇曳的烛光，有的是我们的诗歌，我们会用最朴素、最真挚的文字和最温暖的声音送上对学生深深的祝福。每个生命都是独一无二的，在一个班级里，送给学生的生日诗歌也是完全不同的。诗歌所传递的精神、力量、品质都要符合学生个性化的特质。送给学生的生日诗歌更要有一种指向，要肯定学生的优点，指引学生未来的发展，使学生形成良好的自我认识。

一位教师为43个一年级的学生每人写了一首生日小诗，并为他们举行了生日仪式，家长也可以参与进来。

**美丽一万倍**

——送给美丽的月儿

月儿啊，
比全世界所有的
国王的宫殿加起来，
还要美丽一万倍。
——那是繁星点点的夜空。
——那是你明亮的眼睛。

月儿啊，
比全世界所有的
女王的衣裙加起来，
还要美丽一万倍。
——那是清晨倒映在水中的彩虹。
——那是你永远绽放的笑脸。

月儿啊，
比繁星点点的夜空
和清晨倒映在水中的彩虹
全部加起来，

还要美丽一万倍。
——那是天外的神的国土。
——那是美丽又智慧的你。

月儿的妈妈在月儿生日当天也为她送上了一首改编的小诗。

**小童话**

——送给美丽的月儿

在云彩的南面，那遥远的地方，
有一群树叶说：我们想像花一样开放。
有一群花朵说：我们想像鸟一样飞翔。
有一群孔雀说：我们想像树一样成长。
有一个小姑娘说：我想像童话一样长大。

在云彩的南面，那春天的早晨，
想要像花一样开放的
树叶变成了叶子花。
想要像鸟一样飞翔的
花朵变成了小蝴蝶。
想要树一样成长的
孔雀变成了孔雀杉。
想要像童话一样长大
的小姑娘正书写着童话。

在小姑娘的童话里，
在云彩的南面，
那遥远的地方，
为河边站立的小树，
为原野开放的花朵，
为展开翅膀的孔雀，
讲一个奇妙的故事
——蜗牛怎样在天空飞翔。

我最亲爱的月儿啊，
我们也期待着你的小童话。

班上一个同学也诵读了她送给月儿的小诗：

这条路的尽头，
总会有大片的森林吧。
白桦一样的月儿啊，
松柏一样的月儿啊，
我们去走走这条路吧。

这条路的尽头，
会有广阔的大海吧。
小溪里的月儿啊，
荷塘里的月儿啊，
我们去走走这条路吧。

这条路的尽头，
一定会有什么吧。
亲爱的伙伴们哪，
我们一块儿去走走这条路吧。

通过这种方式营造了和谐的班级氛围，增强了师生之间的情感。诵读生日诗歌学生的内心会被一次次唤醒，学生会在感动中不断努力前行。一首诗歌，代表一份期待，一个承诺。相信每一颗生命的种子，都会绽放出美丽绚烂的花朵。

这样的生日，对学生来说是多么有意义啊！送给每个学生一首属于自己的生日诗，就是给了学生创造奇迹的可能。因为每一个生命都是这个世界的唯一，每一个生日都是学生最美的记忆。

## 第二节　中高年级晨诵课程

中高年级的诵读课程旨在让学生的心灵和诗人相遇。在诵读诗歌时，可以让学生回忆，可以让学生想象，可以让学生移情，所有的努力都是为了让学生与诗人的情感交织在一起。

**小花的信念**

顾城

在山石组成的路上
浮起一片小花
它们用黄金的微笑
来回报石头的冷遇
它们相信
最后，石头也会发芽
也会粗糙地微笑
在阳光和树影间
露出善良的牙齿

小花代表的是什么？石头代表的是什么？石头怎么会发芽呢？相信学生们心中一定会有这样的疑惑。

“亲爱的同学们，小花的信念是什么？是在一片冷漠的石头中间开出灿烂的花朵，用自己黄金的微笑，给世界增添一分美好，并相信石头也会被美好感染，露出善良的牙齿。看看我们的身边，有没有这样的小花呢?”理解诗歌，联系自己，这是我们常用的教学策略。

一般来说，低年级重在诵读，中高年级在诵读的基础上重在理解。如泰戈尔的《飞鸟集》，就适合引导学生在诵读的基础上理解。下面选几首供大家体会。

夏天的飞鸟，
飞到我的窗前唱歌，
又飞去了。
秋天的黄叶，
它们没有什么可唱，
只叹息一声，
飞落在那里。

“海水呀，你说的是什么?”
“是永恒的疑问。”

“天空呀，你回答的话是什么？”
“是永恒的沉默。”

“我们，
萧萧的树叶，
都有声响回答那风和雨。
但你是谁呢，
那样地沉默着？”
“我不过是一朵花。”

有些诗歌，适合模仿训练。

你看你看，
山的背上也有一座山，
是不是山妈妈背着她的儿子
想摘天上的星星呀？

在我的引导下，学生模仿编出了许多字谜诗歌。

你看你看，火的头上还有一堆火，是不是两个生气的火娃，想把寒冷的冬天融化？

——宋雯宇

你看你看，人的后面也有一个人，是不是妈妈领着宝宝学走路啊？

——高博宇

在诵读了大量儿歌和童谣的基础上，我们开启了中华诗词之旅。

一年级学生对古诗的领悟很难入情入境，我不希望在起步阶段就让学生把背诵古诗当成一种负担，于是让音乐老师给一些古诗谱了曲，如《元日》《锄禾》等。所以，一年级的古诗欣赏，我们几乎都以吟唱的形式来进行。每学完一首，我们就和着音乐唱起来、跳起来。就这样，我们学习了《悯农》《寻胡隐君》《渭城曲》等20多首古诗。音乐的融入让晦涩艰深的古诗变得有声有色、有滋有味。

因为一年级积累了一定的古诗，所以到二、三年级时我在学古诗中加入了一些小故事、小趣闻，让学生觉得原来古代的诗人和我们一样，看着同样的月亮，“举杯邀明月，对影成三人”；听着同样的声音，“时时闻鸟语，处处是泉声”；有着同样的情怀，“近乡情更怯，不敢问来人”……学生品味诗人的性情，品读古诗的意境，渐渐地对古诗的品读似乎有了一些独到之处。学李白的《自遣》“对酒不觉暝，落花盈我衣”时，学生会说：“李白又借酒消愁啦！李白好孤独，没有朋友，只能跟月亮喝酒。”还有的学生问：“李白为什么一喝醉酒就写诗呢?”是的，也许对学生来说，杜甫的“迟日江山丽，春风花草香”是好理解的，王维的“荆溪白石出，天寒红叶稀”是能读懂的，但对人的情绪愁思的追问、对诗词的美学意象的把握，没有经历是很难有共鸣的。但我想，在人成长的历程中，总会有这样的人生体验，悲愁、哀思，那些诗词总会在生命的某一刻等待着我们，而那个时候有的句子就会不知不觉盈满我们的心怀。

到了四、五年级，我试着用“平长仄短”“平高仄低”这样的声音变化让学生理解诗词，引导学生从声音入手，去感受诗意。例如，读完《鸟鸣涧》后，有学生说：“我感受到读‘月出’二字时声音很短促，说明月亮一下子跳出来，把鸟儿惊吓到了。”有学生说：“桂花很小，所以要轻轻地读，读快一点儿。”学生很喜欢这样的课，觉得很新奇，最重要的是吟诵作为我们传统的非物质文化遗产，让学生真正接触到了母语文化的根，同时，使学生恍然大悟：原来古人是这样读诗的，原来诗还可以这样读，原来我们可以从声音入手，去感受诗意。

到了六年级，学习“轻叩诗歌的大门”单元时，我班学生进行了研究性学习，他们围绕不同主题进行积累。

如“走近苏轼”古诗词主题晨诵课程的内容：

**惠崇春江晚景**

竹外桃花三两枝，春江水暖鸭先知。
蒌蒿满地芦芽短，正是河豚欲上时。

**饮湖上初晴后雨**

水光潋滟晴方好，山色空蒙雨亦奇。
欲把西湖比西子，淡妆浓抹总相宜。

**浣溪沙·簌簌衣巾落枣花**

簌簌衣巾落枣花，村南村北响缫车，牛衣古柳卖黄瓜。

酒困路长惟欲睡，日高人渴漫思茶，敲门试问野人家。

### 定风波·三月七日沙湖道中遇雨

（三月七日，沙湖道中遇雨。雨具先去，同行皆狼狈，余独不觉。已而遂晴，故作此。）

莫听穿林打叶声，何妨吟啸且徐行。竹杖芒鞋轻胜马，谁怕？一蓑烟雨任平生。

料峭春风吹酒醒，微冷，山头斜照却相迎。回首向来萧瑟处，归去，也无风雨也无晴。

### 蝶恋花·春景

花褪残红青杏小，燕子飞时，绿水人家绕。枝上柳绵吹又少，天涯何处无芳草。

墙里秋千墙外道，墙外行人，墙里佳人笑。笑渐不闻声渐悄，多情却被无情恼。

### 水调歌头·明月几时有

（丙辰中秋，欢饮达旦，大醉，作此篇，兼怀子由。）

明月几时有？把酒问青天。不知天上宫阙，今夕是何年。我欲乘风归去，又恐琼楼玉宇，高处不胜寒。起舞弄清影，何似在人间。

转朱阁，低绮户，照无眠。不应有恨，何事长向别时圆？人有悲欢离合，月有阴晴圆缺，此事古难全。但愿人长久，千里共婵娟。

### 江城子·乙卯正月二十日夜记梦

十年生死两茫茫，不思量，自难忘。千里孤坟，无处话凄凉。纵使相逢应不识，尘满面，鬓如霜。

夜来幽梦忽还乡，小轩窗，正梳妆。相顾无言，惟有泪千行。料得年年肠断处，明月夜，短松冈。

### 江城子·密州出猎

老夫聊发少年狂，左牵黄，右擎苍，锦帽貂裘，千骑卷平冈。为报倾城随太守，亲射虎，看孙郎。

酒酣胸胆尚开张，鬓微霜，又何妨？持节云中，何日遣冯唐？会挽雕弓如满月，西北望，射天狼。

### 念奴娇·赤壁怀古

大江东去，浪淘尽，千古风流人物。故垒西边，人道是，三国周郎赤壁。乱石穿空，惊涛拍岸，卷起千堆雪。江山如画，一时多少豪杰。

遥想公瑾当年，小乔初嫁了，雄姿英发。羽扇纶巾，谈笑间，樯橹灰飞烟灭。故国神游，多情应笑我，早生华发。人生如梦，一樽还酹江月。

课程即将结束时，我们还开展了“告别苏轼”活动。

首先，集体合唱歌曲《但愿人长久》；接着，各小组以自己喜欢的方式诵读苏轼的作品；之后由各组代表分享自己眼中的苏轼；然后进行班级“诗词达人”评选；最后在《但愿人长久》的旋律中结束课程。

之前的积累、诵读是零散的、随机的，虽美妙，但总感觉那些诗人的名字、那些优美的诗句，只是一个个烙印在学生记忆里的符号，可望而不可即。经过对苏轼系列诗词的诵读、对苏轼传记的阅读，以及举办苏轼故事会、手抄报比赛等活动，立体、鲜活的苏轼形象已树立在学生的心中：他修苏堤，治民生；他文名天下，才气过人；他的书法独具一格，绘画别开生面。这就是课程的独特魅力。

每个主题晨诵课程结束时，我们都会开展一场朗诵会，如同一个小小的庆典，对学生而言，这就是其成长的记事本，真实地记录了学生读过的每一首诗，见证了我们共同走过的每一段路程。

源于对诗歌的认同，抑或是受诗意的吸引，每天的晨诵课上，教师和学生都流连于诗海。仅仅几十字，描绘的是意境深远的图画，传递的是耐人寻味的人生哲理。

我们立足于一个个人物，更要立足于整个文学史，我们的眼界越宽，就越清晰地知晓，在什么时候给予学生怎样的课程。

# 江苏凤凰教育出版社
# 《行知工程》系列丛书目录

| 系列 | 序号 | 书　　名 | 作者 | 定价 |
|---|---|---|---|---|
| 创新教学探索系列 | 1 | 《让阅读滋养学生语文素养——语文阅读教学策略与实施》 | 李洪芹 | 38.00 |
| | 2 | 《学校体育密码》 | 连仁都 | 36.00 |
| | 3 | 《我家住在〈诗经〉里》 | 李日芳 | 40.00 |
| | 4 | 《〈红楼梦〉里的语文课》 | 李日芳 | 30.00 |
| | 5 | 《品世界名画，学精彩作文<br>——特级教师的“名画”作文教学法》 | 李日芳 | 36.00 |
| | 6 | 《学生数学整体思维培养<br>——小学数学结构化教学的探索与实施》 | 颜春红 | 45.00 |
| | 7 | 《基于核心素养的体育与健康校本课程建设》 | 赵卫新 | 35.00 |
| | 8 | 《把古文教活——激活文言文课堂的教学策略》 | 刘小华 | 35.00 |
| | 9 | 《做童年面前最合适的人——我和孩子们的“童化语文”》 | 曹丽秋 | 30.00 |
| | 10 | 《玩出精彩作文——张化万活动作文教学经典策略》 | 张化万 | 35.00 |
| | 11 | 《让学生把母语用精彩——“语用课堂”的探索与实践》 | 佘小红 | 30.00 |
| | 12 | 《“备”出课堂精彩——备学式教学的课堂实践与思考》 | 张旭兰 | 30.00 |
| | 13 | 《神奇的阅读教室——带学生踏上美妙的阅读之旅》 | 李祖文 | 30.00 |
| | 14 | 《打造有生命力的课堂<br>——“两步八环节”教学模式探索与实践》 | 查联智 | 30.00 |
| | 15 | 《最能培养学生探究能力的课堂<br>——小学科学与信息技术单元整体课程实施与评价》 | 李怀源 | 30.00 |
| | 16 | 《最能激发学生运动天赋的课堂<br>——小学体育单元整体课程实施与评价》 | 李怀源 | 30.00 |
| | 17 | 《最能提升学生艺术素养的课堂<br>——小学艺术单元整体课程实施与评价》 | 李怀源 | 30.00 |
| | 18 | 《“生命语文”探索——焕发语文生命力的思考与实践》 | 王自成 | 30.00 |
| | 19 | 《粘连作文教学：让习作成为有个性的自我建构》 | 黄瑞夷 | 30.00 |
| | 20 | 《备学式教学——在体验中建构数学思维》 | 单广红　范雪梅 | 30.00 |
| | 21 | 《向着自主进发——自主教育的创新实施智慧》 | 朱亚红 | 30.00 |
| | 22 | 《写中学——让学习更有效的学科写作教学》 | 钟传祎 | 30.00 |
| | 23 | 《小学科学实验总动员——大科学课堂有效提升学生创新力》 | 江美华 | 30.00 |
| | 24 | 《小学语文单元整体课程实施与评价》 | 李怀源 | 30.00 |
| | 25 | 《小学英语单元整体课程实施与评价》 | 李怀源 | 30.00 |
| | 26 | 《小学数学单元整体课程实施与评价》 | 李怀源 | 30.00 |
| | 27 | 《让教学更能激发智慧——“思维碰撞”课堂的建构与实施》 | 程和方 | 30.00 |
| | 28 | 《构建语文综合课新模式——家庭、社区、学校协同教学》 | 黄瑞夷 | 40.00 |
| | 29 | 《自主创新让教学成为有效引领》 | 蔡　隽 | 30.00 |

| 系列 | 序号 | 书　　名 | 作者 | 定价 |
|---|---|---|---|---|
| 教育求索系列 | 30 | 《区域规范性教研共同体建设及其实践》 | 陈宗成 | 40.00 |
| | 31 | 《让诗意润泽心灵——德育校本课程的开发与实施》 | 陈亚兰 | 40.00 |
| | 32 | 《联想形象识字教学——让学生感悟汉字神韵》 | 侯忠彦 | 50.00 |
| | 33 | 《思维导图教学法：一位历史老师的教学探索》 | 罗培生 | 35.00 |
| | 34 | 《让经典滋养人生——名著导读教学策略（中学）》 | 郑建忠 | 35.00 |
| | 35 | 《关注每一位儿童的发展——语文小班化教学的探索和实践》 | 何慧玲 | 40.00 |
| | 36 | 《让生命诗意地栖居——诗意教育的理念建构与实践探索》 | 钱丽美 | 40.00 |
| | 37 | 《怎样上好语文课——时鹏寿解析精彩课例》 | 时鹏寿 | 45.00 |
| | 38 | 《让书香浸润生命——时鹏寿伴你品读经典》 | 时鹏寿 | 35.00 |
| | 39 | 《开在手心里的花——一位优秀教师的教育情怀》 | 詹雪莲 | 40.00 |
| | 40 | 《学科建设与教师发展——中学数学》 | 杨志文 | 30.00 |
| | 41 | 《欣说教育那“一亩三分地”<br>——一位一线教师的教育微思考》 | 王庆欣 | 30.00 |
| | 42 | 《爱的守望——一位一线教师对教育的坚守》 | 林卫红 | 30.00 |
| | 43 | 《思政教学的人文力量》 | 戴晓华 | 30.00 |
| | 44 | 《师道新说——给教育者的 30 条箴言》 | 徐　卫 | 30.00 |
| | 45 | 《快乐数学——初中数学教学方式探索》 | 孙国芹 | 36.00 |
| 教育思想者系列 | 46 | 《名校之道——陶继新对话名校长（5）》 | 陶继新 | 42.00 |
| | 47 | 《名校之道——陶继新对话名校长（3）》 | 陶继新 | 42.00 |
| | 48 | 《名校之道——陶继新对话名校长（4）》 | 陶继新 | 40.00 |
| | 49 | 《父母要成为子女的精神导师——五个孩子走向卓越的奥秘》 | 陶继新 | 43.00 |
| | 50 | 《治校之道——小学名校长的办学智慧(1)》 | 陶继新 | 35.00 |
| | 51 | 《治校之道——中学名校长的办学智慧(1)》 | 陶继新 | 40.00 |
| | 52 | 《品鉴教育文化盛宴——陶继新序跋屯集》 | 陶继新 | 45.00 |
| | 53 | 《为什么而出发——一位研究者对教育本质的沉思》 | 齐　健 | 35.00 |
| | 54 | 《高效教学的道与术——陶继新教育讲演录》 | 陶继新 | 30.00 |
| | 55 | 《铸造一流教育品质——陶继新区域教育巡礼》 | 陶继新 | 35.00 |
| | 56 | 《名校之道——陶继新对话名校长（1）》 | 陶继新 | 30.00 |
| | 57 | 《名校之道——陶继新对话名校长（2）》 | 陶继新 | 35.00 |
| | 58 | 《教育，一切从孩子出发》 | 黄　俭 | 30.00 |
| 新父母教程 | 59 | 《一年级的孩子》 | 陈文芳 | 28.00 |
| | 60 | 《二年级的孩子 》 | 陈文芳 | 28.00 |
| | 61 | 《三年级的孩子》 | 钱静霞 | 28.00 |
| | 62 | 《四年级的孩子》 | 谢　云 | 28.00 |
| | 63 | 《五年级的孩子 》 | 陈　春 | 28.00 |

| 系列 | 序号 | 书　　名 | 作者 | 定价 |
|---|---|---|---|---|
| 新父母教程 | 64 | 《六年级的孩子》 | 袁卫星 | 28.00 |
| | 65 | 《七年级的孩子》 | 焦晓骏 | 28.00 |
| | 66 | 《八年级的孩子》 | 钟　杰 | 28.00 |
| | 67 | 《九年级的孩子》 | 凌宗伟 | 28.00 |
| 国际教育系列 | 68 | 《美国教育面面观——一位特级教师眼中的美国教育》 | 邵淑红 | 35.00 |
| 教师软实力系列 | 69 | 《教师人际沟通力》 | 黄爱华　夏丽娟 | 38.00 |
| | 70 | 《班主任教导力》 | 黄爱华　戴诗银 | 38.00 |
| | 71 | 《教师执业道德力》 | 黄爱华　夏丽娟 | 38.00 |
| 精彩课堂系列 | 72 | 《基于核心素养的数学教学》 | 赵红婷 | 35.00 |
| | 73 | 《中学生核心写作能力培养》 | 陶　波 | 36.00 |
| | 74 | 《给孩子更好的数学课堂》 | 易增加 | 30.00 |
| | 75 | 《小学生阅读素养的提升策略》 | 邵巧治 | 35.00 |
| | 76 | 《从语文素养走向生命成长——小学语文读写课堂教学密码》 | 曾海玲 | 30.00 |
| | 77 | 《真实的品德课》 | 朱淑秀 | 30.00 |
| | 78 | 《英语课堂学习共同体——新型的师生交互学习场》 | 杨延从 | 30.00 |
| | 79 | 《指导自主学习——初中数学学与教的研究与实践》 | 刘其武 | 30.00 |
| | 80 | 《玩出精彩的课堂——小学低年级教与学方式转变研究》 | 陶红松 | 30.00 |
| | 81 | 《让生命之花自主绽放——语文个性化教学建构策略》 | 商德远 | 30.00 |
| | 82 | 《让学生亲历知识——主体参与下体验式学习的实施策略》 | 何世祥 | 30.00 |
| 名校系列 | 83 | 《从校本课程走向学校课程——锡山高中课程探索之路》 | 唐江澎等 | 35.00 |
| | 84 | 《让每个孩子都成志——清华附小主题阅读课程的实施探索》 | 窦桂梅 | 30.00 |
| | 85 | 《让每个孩子都成志——清华附小主题实践课程的实施探索》 | 窦桂梅 | 35.00 |
| | 86 | 《向着朝阳走去——清华附小合作办学实践探索》 | 窦桂梅 | 30.00 |
| 名师成长系列 | 87 | 《情怀·智慧·境界——教育名家演讲录（1）》 | 钟惠河　李韫琬 | 30.00 |
| 校长领导力系列 | 88 | 《学校细节管理的执行力》 | 林文明　王林发 | 30.00 |
| | 89 | 《校长智慧统筹的领导力》 | 谢耀丰　蔡丽姗<br>王林发 | 30.00 |
| | 90 | 《学校持续发展的研究力》 | 林文智　宋佳敏<br>王林发 | 30.00 |

| 系列 | 序号 | 书　　名 | 作者 | 定价 |
|---|---|---|---|---|
| 校长领导力系列 | 91 | 《学校和谐融洽的协作力》 | 陈一平　郭雪莹<br>王林发 | 30.00 |
| | 92 | 《学校教育提升的引领力》 | 谢文东　关敏华<br>王林发 | 30.00 |
| | 93 | 《学校团队成长的学习力》 | 黄纪　蔡美静<br>王林发 | 30.00 |
| | 94 | 《学校高效管理的创新力》 | 张旭 | 30.00 |
| | 95 | 《学校成功管理的决策力》 | 邱黎明 | 30.00 |
| | 96 | 《高品质学校生长要素》 | 王益民 | 30.00 |
| | 97 | 《校长高效教学领导力提升策略》 | 徐世贵　郭文刭 | 30.00 |
| 新思维系列 | 98 | 《让后进生学习有后劲之 36 计》 | 严育洪 | 30.00 |
| | 99 | 《教育中的“不一定”——打破教育的 19 种思维惯式》 | 严育洪 | 30.00 |
| 教师修炼系列 | 100 | 《如何炼就课堂好声音——教师美嗓保健实用宝典》 | 薛建洲 | 30.00 |
| | 101 | 《与学生一起成长——90 后教师的心路反思》 | 王　晗 | 30.00 |
| | 102 | 《教育，爱与宽容——教师心灵礼仪修炼》 | 许力争 | 30.00 |
| 教育家核心思想系列 | 103 | 《叶圣陶论写作》 | 叶圣陶 著<br>李怀源 选编 | 30.00 |
| | 104 | 《叶圣陶谈阅读》 | 叶圣陶 著<br>李怀源 选编 | 30.00 |
| | 105 | 《多元智能理论的本土化应用》 | 刘治富 | 30.00 |
| | 106 | 《大教育家最具施教力的教学思想》 | 白刚勋 | 30.00 |
| 学生心理解码系列 | 107 | 《在人生的春天播种<br>——十四岁，写给青春的一封信》 | 白宏宽 | 30.00 |
| | 108 | 《孩子问题行为一点通<br>——只有好老师才知道的学生心理谜底》 | 严育洪 | 30.00 |
| 校本研修系列 | 109 | 《徜徉语文教研》 | 肖俊宇 | 35.00 |
| | 110 | 《校本研修资源的开发与利用》 | 陈朝林 | 30.00 |
| | 111 | 《校本研修与教师专业成长》 | 吴积军 | 30.00 |
| | 112 | 《卓越教师经典研修成长策略》 | 刘天宝等 | 30.00 |
| | 113 | 《特色校本课程开发范例解读》 | 刘永平　李秀伟<br>张雪梅 | 30.00 |
| | 114 | 《高效校本研修模型构建艺术》 | 刘素雁 | 30.00 |
| | 115 | 《走向实践的教研——中小学教育科研引领与应用》 | 江　敏 | 30.00 |
| 教育管理力系列 | 116 | 《缔造唯美教育——延奎小学素质教育实施策略》 | 易增加 | 30.00 |
| | 117 | 《让普通学校崛起的 20 个细节<br>——“生命为本”教育团队成长密码》 | 李其玉 | 30.00 |
| | 118 | 《“走”出教育的精彩：走动式学校管理文化构建》 | 罗　军 | 30.00 |
| | 119 | 《校长兵法：学校管理四十六计》 | 皮大鹏 | 30.00 |
| 班级文化系列 | 120 | 《活力班级的文化建设》 | 胡　珏 | 30.00 |
| | 121 | 《做幸福的班主任》 | 吕　丽 | 26.00 |

| 系列 | 序号 | 书名 | 作者 | 定价 |
|---|---|---|---|---|
| 高效能教学系列 | 122 | 《高效能教师的10个好习惯（中学卷）》 | 张　瑾 | 30.00 |
| | 123 | 《让作文落地生根——提高写作实效的教学策略》 | 黄桂林 | 30.00 |
| | 124 | 《高效能作文教学5项修炼》 | 陈步华 | 30.00 |
| | 125 | 《高效能校长的10个好习惯》 | 张　勤 | 30.00 |
| | 126 | 《高效能教师的10个好习惯（小学卷）》 | 谢　英 | 30.00 |
| | 127 | 《高效能语文教学5项修炼》 | 王其华 | 30.00 |
| 新课程探索系列 | 128 | 《语文新课程的批判与重建》 | 葛桂斌 | 30.00 |
| 美国名师教学译丛 | 129 | 《美国名师游戏教学本土化应用：幼儿园》 | （美）玛西娅 L. 泰特 著<br>胡珍　瞿菁　编译 | 30.00 |
| | 130 | 《美国名师游戏教学本土化应用：小学英语》 | （美）玛西娅 L. 泰特 著<br>杨永华　张心影　编译 | 30.00 |
| | 131 | 《美国名师游戏教学本土化应用：小学数学》 | （美）玛西娅 L. 泰特 著<br>谢艳红　编译 | 30.00 |
| | 132 | 《美国名师游戏教学本土化应用：小学科学》 | （美）玛西娅 L. 泰特 著<br>刘丽萍　编译 | 30.00 |
| | 133 | 《美国名师游戏教学本土化应用：小学社会》 | （美）玛西娅 L. 泰特 著<br>姜梅芳　编译 | 30.00 |
| | 134 | 《美国名师游戏教学本土化应用：小学音体美》 | （美）玛西娅 L. 泰特 著<br>尹立志　编译 | 30.00 |
| 鲁派名师名校·教育探索者系列 | 135 | 《悦读立人——校园阅读文化体系构建策略》 | 杨世臣 | 30.00 |
| | 136 | 《教育智慧何处来——一位特级教师的思考手记》 | 付立金 | 30.00 |
| | 137 | 《和雅文化——校本课程的创新构建》 | 汤善香 | 30.00 |
| | 138 | 《让个性绽放精彩——学校课程体系整合与创生》 | 谢建伟　徐淑萍 | 30.00 |
| | 139 | 《让每个学生都幸福——最能润泽生命的学校文化建设》 | 谢建伟　张新喜 | 30.00 |
| 生态化校园系列 | 140 | 《文化管理——构建生态和谐校园的必由之路》 | 付全新 | 30.00 |
| | 141 | 《点燃学习的激情——构建校园生态化学习型组织》 | 杨树岳 | 30.00 |
| | 142 | 《课改突围——构建学校生态化教学体系》 | 杨树岳 | 30.00 |
| 教育新思考系列 | 143 | 《语文教育向何处去》 | 王　丛 | 26.00 |
| | 144 | 《教育，就是做好普通的事》 | 孙志毅 | 27.00 |
| | 145 | 《走出语文的偏见——让学生体悟文本的原义》 | 丛智芳 | 30.00 |
| | 146 | 《让语文教学更高效——批注式阅读教学探索》 | 韩中凌 | 30.00 |
| | 147 | 《读写互促——探寻学以致用的语文教学》 | 曹　龙 | 30.00 |
| | 148 | 《跳出数学教数学——用文化融通数学教学》 | 马建秀 | 27.00 |

| 系列 | 序号 | 书　　名 | 作者 | 定价 |
|---|---|---|---|---|
| 名师感悟系列 | 149 | 《让心灵伴着歌声成长——22位音乐名师的教育智慧》 | 陈　璞 | 30.00 |
| | 150 | 《超越自我的教师——32位名师的成长感悟》 | 李卫东　李秀伟 | 35.00 |
| | 151 | 《心灵的守护者——19位名班主任的教育智慧》 | 王晓松　曲文弘 | 30.00 |
| | 152 | 《名师感悟班主任有效工作艺术90例》 | 符礼科 | 30.00 |
| | 153 | 《名师感悟有效教学90例》 | 林高明　徐玉烟 | 30.00 |
| 信息化教学系列 | 154 | 《巧用白板教语文——信息技术与语文教学操作指南》 | 蒋丽清 | 30.00 |
| | 155 | 《跨越式实现高效课堂——信息技术与课程整合高效教学方案评析》 | 陈　玲　刘　禹 | 30.00 |
| 教师必读系列 | 156 | 《教师必学的16堂修养课》 | 武宏伟 | 30.00 |
| | 157 | 《教师不可不知的教学心理效应》 | 叶勇军 | 30.00 |
| | 158 | 《班主任不可不知的管理效应》 | 奚一琴 | 30.00 |
| | 159 | 《教师不可不知的教育心理效应》 | 孙　媛 | 30.00 |
| | 160 | 《校长不可不知的管理效应》 | 谢申刚　张金豹 | 30.00 |
| | 161 | 《成为好教师的7项修炼》 | 王福强　李维华 | 30.00 |
| | 162 | 《如何让学生会学习》 | 龙　冰 | 30.00 |
| | 163 | 《如何让学生爱学习》 | 周震宇　许小燕 | 30.00 |
| 核心教学主张系列 | 164 | 《新生代语文名师核心教学主张》 | 许友兰 | 30.00 |
| 行思讲坛系列 | 165 | 《灵动而朴素地教语文——潘文彬的微格教育生活》 | 潘文彬 | 30.00 |
| | 166 | 《师爱无疆——润泽学生心灵的教育故事》 | 侯忠彦 | 30.00 |
| | 167 | 《怎样反思更有效——促进教师专业发展的反思策略》 | 诸贝贝 | 30.00 |
| | 168 | 《成为高度自觉的教育者——写给后课标时代的数学教师》 | 许卫兵 | 30.00 |
| | 169 | 《哲思数学课》 | 刘全祥 | 30.00 |
| | 170 | 《智慧数学课——黄爱华教学思维的实践策略》 | 黄爱华 | 30.00 |
| | 171 | 《童趣数学课》 | 徐　芳 | 30.00 |
| | 172 | 《把学生教聪明》 | 严育洪 | 30.00 |
| | 173 | 《教师最应该规避的教育误区》 | 杨坤道 | 30.00 |
| | 174 | 《用语文的方式教语文——潘文彬教学主张与实践智慧》 | 潘文彬 | 30.00 |
| | 175 | 《怎样让阅读教学更有效——提升教学能力的十种读诵模式》 | 汪秀梅 | 28.00 |

| 系列 | 序号 | 书　名 | 作者 | 定价 |
|---|---|---|---|---|
| 行思讲坛系列 | 176 | 《让生命在润泽中起舞——当代小学生最需要的主题班会》 | 吴联星　罗　琳　冯卫东 | 30.00 |
| | 177 | 《让生命欢快拔节——当代中学生最需要的主题班会》 | 冯卫东　吴联星 | 30.00 |
| | 178 | 《课堂因生成而精彩——高效教学的生成智慧》 | 张文质 | 30.00 |
| | 179 | 《回到每一个人的生命化教育——张文质二甲中学教育行动录》 | 张文质 | 30.00 |
| | 180 | 《中小学生如何学会合作》 | 张玉彬　刘昕昱 | 40.00 |
| 中国教育变革之路丛书 | 181 | 《百年树人师何为——教师队伍建设困顿与出路》 | 将丽珠　李玉向 | 30.00 |
| | 182 | 《入园何时不再难——学前教育困惑与抉择》 | 曾晓东　范　昕　周　慧 | 30.00 |
| | 183 | 《三尺书桌何处寻——流动人口子女教育困难与破解》 | 范先佐 | 30.00 |
| | 184 | 《苦旅何以得纾解——高考改革困境与突破》 | 郑若玲 | 30.00 |
| | 185 | 《择校纠结何时了——择校问题困局与治理》 | 曾晓东　周文海　曾娅琴 | 30.00 |
| 创新教学思想系列 | 186 | 《"大问题"教学的形与神》 | 黄爱华　张文质 | 30.00 |
| 教育漫笔系列 | 187 | 《课堂，诗意地栖居》 | 吴书华 | 30.00 |
| 教学提升系列 | 188 | 《有思想地教阅读——让学生学会品读文字真意》 | 王学东 | 30.00 |
| 教育艺术提升系列 | 189 | 《藏在师生体态语言里的教学智慧》 | 张　宇　廖生波 | 30.00 |
| 教学全手册系列 | 190 | 《小学习作教学全手册》 | 郭家海 | 30.00 |
| | 191 | 《中学写作教学全手册》 | 郭家海 | 30.00 |
| | 192 | 《情境教学操作全手册》 | 冯卫东 | 35.00 |
| | 193 | 《合作教学操作全手册》 | 李春华 | 35.00 |
| | 194 | 《探究教学操作全手册》 | 周新桂 | 35.00 |
| | 195 | 《自主教学操作全手册》 | 诸葛彪 | 35.00 |

| 系列 | 序号 | 书　　名 | 作者 | 定价 |
| --- | --- | --- | --- | --- |
| 教学全手册系列 | 196 | 《创新教学操作全手册》 | 王　玮 | 35.00 |
| | 197 | 《班主任工作全手册》 | 刘沛华 | 35.00 |
| | 198 | 《新教师工作全手册》 | 周震宇 | 35.00 |
| | 199 | 《学生心理健康教育全手册》 | 刘海莉　刘春杰 | 35.00 |
| | 200 | 《高效教学操作全手册》 | 马友平 | 35.00 |
| 创新人才培养系列 | 201 | 《创新人才培养校园科普精品课程开发与指导<br>——人大附中创新人才培养》 | 罗　滨 | 30.00 |
| | 202 | 《创新人才培养特色校本课程开发与创新人才培养<br>——清华附中“国际安全下的科学技术”课程构建与实施》 | 王殿军　方　研<br>赵宏雁 | 30.00 |
| | 203 | 《创新人才培养：学校实验室建设与管理》 | 刘克文<br>杨发丽　杨　平 | 30.00 |
| | 204 | 《创新人才培养：数学探究活动开发与指导》 | 马云朋　韩继伟 | 30.00 |
| | 205 | 《创新人才培养：化学研究活动开发与指导》 | 王　磊 | 30.00 |
| | 206 | 《创新人才培养：物理探究活动开发与指导》 | 廖伯琴 | 30.00 |
| | 207 | 《创新人才培养：地理探究活动开发与指导》 | 张建珍　陈　澄 | 30.00 |
| | 208 | 《创新人才培养：生物探究活动开发与指导》 | 张迎春 | 30.00 |
| | 209 | 《创新人才培养：理念探索与思维突破》 | 王晶莹 | 30.00 |
| 新生代通派名师系列 | 210 | 《简约数学教学》 | 许卫兵 | 30.00 |
| | 211 | 《语文教学的本真——情意课堂展现母语之美》 | 吴建英 | 30.00 |
| | 212 | 《语文课堂的理想追求——欢快达成三维目标》 | 董一红 | 30.00 |
| | 213 | 《阅读教学的真髓——意象构建读出文学的真美》 | 祝　禧 | 30.00 |
| | 214 | 《美术教育的真谛——审美人生教育让生命绚丽成长》 | 陈铁梅 | 30.00 |
| | 215 | 《语文教学的理想境界——无痕教学润泽生命》 | 李　凤 | 30.00 |
| | 216 | 《儿童作文的本义——嬉乐作文让儿童乐并成长着》 | 王笑梅 | 30.00 |
| | 217 | 《名师是怎样炼成的》 | 王建明　王笑君 | 35.00 |
| 幼师成长系列 | 218 | 《幼儿行为背后——教师如何读懂幼儿的心思》 | 吴亚英 | 30.00 |
| | 219 | 《最具教育力的 22 种幼儿教育思想》 | 杨　达 | 30.00 |
| | 220 | 《幼儿教师必知的安全应急措施》 | 杨　达 | 30.00 |
| | 221 | 《幼儿教师必备的教育技能》 | 李　玲 | 30.00 |
| | 222 | 《卓越园长 21 条幼儿园管理策略》 | 周　丹　江东秋 | 30.00 |